# Dein Insider-Trip Rhein-Main



Es ist Wundertütenzeit im Rhein-Main-Gebiet! Lecker essen oder Gas geben, entspannen oder feiern, kreativ sein oder einfach nur leben – wiewowas?

Steckt alles in diesem Buch.

Kenn ich, sagst du. Weiß ich. War ich schon. Echt jetzt? Probier's aus! Werd zum Abenteuersucher, zum Wandervogel. Sei neugierig, erlebnishungrig, sei ein Um-die-Ecke-Denker und -Entdecker. Gleich hier, vor der eigenen Haustür. New York, Rio, Tokio? Braucht kein Mensch. Das Abenteuer ist hier.

Los geht's →

# Inhalt

## Das Beste → für jede Lust & Laune

Wonach ist dir heute?
Fang an, wo du willst. Probier alles aus.

## Oder hier entlang

↓

Bembel, Grüne Soße, Frankfurter Hochhäuser – so kennst und liebst du das Rhein-Main-Gebiet. Und echte Klassiker werden auch niemals langweilig. Schau um die Ecke, nimm eine andere Perspektive ein, such die geheimen Orte und neuen Interpretationen. Und huch: Ist da schon ein neuer Klassiker im Anmarsch?

# Die Klassiker reloaded

## Altbekanntes ganz neu erleben

# Ganz nah ran Die unterschätzten Seiten von Rhein und Main

→ **Am Altrhein hat die Natur das Kommando zurückgewonnen, an der Staustufe Mühlheim beeindruckt das Schleusen-Erlebnis**

**Auf den ersten Blick haben sie ja wenig gemeinsam,** die versteckten Naturschutzgebiete und wenig ansehnlichen Schleusenanlagen an den großen Flüssen der Region – außer, dass sie gern übersehen werden. Beste Möglichkeit, das zu ändern: ganz nah rangehen und Rhein und Main neu erleben.

An der Schleusenanlage der Staustufe Mülheim läuft alles ein bisschen wie in Zeitlupe, wenn du beobachtest, wie die gigantischen Frachter hier passieren. Schleusentore auf, Schiff rein, je nach Richtung hebt oder senkt sich der Wasserstand um knapp 4 m, dann öffnen sich die Schleusentore wieder und es kann weitergehen. Eine halbe Stunde kann das schon mal dauern. Und als Teil der Route der Industriekultur bietet die Schleuse Einblicke in die Rolle des Flusses und zeigt seine beiden von Natur und Industrie geprägten Gesichter.

INSIDER-TIPP
**Unbedingt ranzoomen**

Ganz anders in geradezu paradiesischen Gebieten im Südwesten des Rhein-Main-Gebiets, wo heute ausschließlich die Natur regiert. Altrheingebiete wie der *Kühkopf* – Hessens größtes Naturschutzgebiet – südlich von Riedstadt-Goddelau sind Überbleibsel der Rheinbegradigung, die im 19. Jahrhundert 65 Jahre lang Großbauprojekt war. Heute ist der Altrhein Paradies zum Wandern, Radeln und Angeln und vor allem um mit Fernglas und Kamera seltene Arten zu beobachten, denn die fühlen sich weit abseits von tonnenschweren Frachtern und betonierten Staustufen immer noch am wohlsten.

1. **Staustufe Mühlheim • Hanauer Str. 137, 63165 Mühlheim**

2. **Europa-Reservat Kühkopf-Knoblauchsaue • 64589 Stockstadt**

# Ganz ohne Museum
# Mit Goethe an der Luft

**»Wenn mich jemand früge,** wo ich mir den Platz meiner Wiege bequemer, meiner bürgerlichen Existenz gemäßer, oder meiner poetischen Ansicht entsprechender denke, ich könnte keine liebere Stadt als Frankfurt nennen«, soll der berühmteste Sohn Frankfurts über seine Heimatstadt gesagt haben. Lange ausgehalten hat er es dort zwar nicht, die Stadt auf seinen Spuren zu entdecken ist aber trotzdem ganz einfach – und dazu muss man sich noch nicht mal unbedingt vorbei an Touristen durchs berühmte Goethehaus schlängeln.

**← Klein, schmal und turmähnlich: das Willemer-Häuschen**

Der Weg startet – ganz romantisch – an einem Ort, an dem der Dichterfürst sein Herz verloren haben soll. Zumindest ein bisschen. Das *Willemer-Häuschen* am Sachsenhäuser Hühnerweg gehörte Goethes Freund Johann Jakob von Willemer, dessen damals 29-jährige Frau für den über 60-jährigen Goethe Muse und Inspiration bei seinem »West-östlichen Divan« gewesen sein soll.

Von hier folgt man den Goethe-Schildern über den Wendelsweg Richtung Süden bis zum Rand des Stadtwalds, den Goethe beim berühmten Faustschen Osterspaziergang im Kopf gehabt haben soll. Vom Goetheturm hat man einen der schönsten Ausblicke auf die Stadt. Zurück geht's Richtung Oberräder Mainufer über die Gerbermühle, wo Goethe seinen 66. Geburtstag feierte. Der Weg führt am Mainufer entlang und über die Alte Brücke in die Neue Frankfurter Altstadt, wo gerade das »Haus zum Esslinger«, in dem Goethes Lieblingstante Johanna Melber lebte, wiederaufgebaut worden ist.

Wer den Rundweg wieder am Willemer-Häuschen beenden will, kommt über den Eisernen Steg zurück nach »Dribbdebach« – auf die südliche Mainseite.

**3** **Willemerhäuschen • Hühnerweg 74, 60599 Frankfurt a. M. • Ostern-Okt So. 11-16 Uhr**

# Von wegen altmodisch Wellness im Taunus

→ **Am Elisabethenbrunnen im Kurpark chillen – drinnen sitzt Hygieia, die griechische Göttin der Gesundheit**

**Wer die Kurstädte im Taunus nur mit Klischees von wassertretenden Senioren und Gesundheitstretern verbindet,** liegt voll daneben. In Bad Homburg kannst du an einem Tag ganz hip diverse Wellness-Trends für Körper und Geist ausprobieren und sogar nachts die Vorzüge der uralten Kurtradition genießen.

Der Tag startet maximal entspannt im Day-Spa »Kur Royal« des *Kaiser-Wilhelms-Bads*, quasi mit einer Mischung aus Relaxprogramm und Sightseeing, denn das Bad stammt noch aus der Kaiserzeit. Es wurde 1890 für die Reichen und Adeligen eröffnet und – wie der Name vermuten lässt – war hier sogar der Kaiser persönlich zugegen. Zum modernen Relaxen gehören heute ein Heudampfbad, eine Salzkristallgrotte sowie das Sand-Licht-Bad, das den Strandurlaub quasi für kurze Zeit in den Taunus beamt.

INSIDER-TIPP
**Der Sonne ganz nah**

Nach dem Abstecher im Day-Spa wird fix der Kurpark gequert und den Wellness-Tag übernimmt das Ayurveda-Zentrum *Siddhalepa,* das sich voll der uralten indischen Heilkunst widmet, die auf den drei Lebensenergien (Doshas) Vata, Pitta und Kapha basiert. Neben Massagen und Beratungsgesprächen kannst du hier auch ayurvedisch einkaufen.

Abends ist es dann Zeit zum Aufbrezeln fürs Abendprogramm! In der Spielbank im Kurpark schlüpfst du mit Drink in der Hand für einige Stunden in eine ganz neue Rolle, an einem Abend, der Geheimagent James Bond alle Ehre machen würde. Und so tiefenentspannt klappt's auch mit dem Pokerface.

**4** **Kaiser-Wilhelms-Bad im Kurpark • 61348 Bad Homburg • kur-royal.de**

**5** **Siddhalepa Ayurveda • Paul-Ehrlich-Weg 3 • 61348 Bad Homburg • ayurveda-secret.de**

FONS LEVAT INVALIDOS
ANIMUM QUI VENIT AD ARTEM
EMENDAT MORES
EXCOLIT INGENIUM

# Der Steinkrug wird hip Paint your Bembel

**Das Schicksal des Bembels**, des traditionellen Steinkrugs mit dem auffälligen blauen Floralmuster hätte auch anders verlaufen können. Dann hätte man ihn vielleicht früher oder später als altmodisch empfunden, aus den Wirtschaften entfernt und vielleicht ab und an noch als nostalgische Blumenvase verwendet.

← **Typisch Hessisches im Hessen-Shop**

Zum Glück kam es anders und der Bembel hat genau die entgegengesetzte Richtung eingeschlagen, ziert als Couchkissen-Dekor die Wohnzimmer stolzer Frankfurter wie »Eigeplackter«, wird mit individuellen Sprüchen versehen und ist aus der Stadtkultur nicht wegzudenken. Mitverantwortlich für den Hype sind etwa die *Hessen-Shops*, die vor gut 10 Jahren mit wenigen Artikeln die Arbeit aufnahmen – mit Bembel-Bettwäsche, -Kaffebechern und -Ohrringen.

In Ginnheim steht das Kultgefäß sogar im Zentrum von Malworkshops: Bei den »Painting Parties« von *Paint Your Bembel* wird an schmucklose Bembel einfach selbst Hand angelegt. Im Gespräch mit anderen Bembel-Malern ergibt sich sicher die ein oder andere Inspiration, und die gemeinsame Begeisterung fürs Stöffche hat schon für allerhand nette Bekanntschaften gesorgt. Wenn bei der Umsetzung Technik oder doch mal eine Idee fehlt, hilft die professionelle Künstlerin, die das Ganze organisiert.

Nach dem Malen wird noch glasiert und gebrannt, ein paar Tage später kannst du deinen Bembel auch schon abholen. Und wenn du unbedingt drauf bestehst, macht dein Kunstwerk dann sicher auch als Blumenvase echt was her ...

**6** **Hessen-Shop • u.a. Leipziger Str. 49, 60487 Frankfurt a. M. • hessen-shop.com**

**7** **Paint your Bembel • Ginnheimer Landstr. 109a, 60431 Frankfurt a. M. • paint-your-bembel.de**

# Flughafen backstage
# Der Boeing beim Parken helfen

→ Wenn die Boeing auf dich zufährt, hast du das Kommando

**Flughafen Frankfurt – da hat sich fast jeder schonmal verlaufen** oder ist hektisch zum gefühlt 10 km entfernten Gate gerannt. Und wer ein bisschen Zeit hatte, hat von der Besucherterrasse aus beobachtet, wie die Flugriesen langsam übers Vorfeld rollen. Seit Neuestem darfst du aber auch hinter die Kulissen schauen.

Im neuen Besucherzentrum des Flughafens im Terminal 1 unweit des Abflug-Gates C1 wird mitgemacht. Mit Tablets in der Hand können Besucher die Airport City erkunden und interaktiv mithilfe von Bildern und 360-Grad-Fotos hinter die Kulissen gucken. An der nächsten Station geht's auf beweglichen Sitzen und mit VR-Brille hinein ins Labyrinth der Gepäckförderbänder – ein bisschen wie Achterbahnfahren.

Beim »Marshaller's Game« schlüpfst du in die Rolle der Vorfeldmitarbeiter, die die Flieger per Handzeichen in die engen Parkpositionen einweisen, und siehst auf einem großen Bildschirm dabei selbst, wie die Nase eines Flugzeugs auf dich zugerollt kommt. Herzstück der neuen Besucherattraktion ist neben den »Smart-Windows«, die das Geschehen auf dem Vorfeld in Echtzeit mit Informationen zu Gewicht, Ziel, Flugzeugtyp und Frachtmenge kommentieren, die 25 m² große interaktive Videowand »The Globe«. Dabei kannst du per Joystick über eine Weltkarte mit Echtzeit-Flugbewegungen navigieren und dir zu jeder beliebigen Route Infos anzeigen lassen.

INSIDER-TIPP
Mittenrein ins Getümmel

Dir ist das alles nicht nah genug dran? Bei den Busrundfahrten übers Vorfeld geht's bis kurz vor die Landebahn, wo dir die Fahrwerke von Airbus, Boeing und Co. beim Landeanflug fast zum Greifen nahe kommen.

**8** **Frankfurt Airport • 60547 Frankfurt a. M. • FRA-Tours.com**

# Heimlicher Klassiker
# Das Winzerörtchen Hochheim

→ **Ob beim »Hock« oder modernen Getränken – in Hochheim fällt Lebensfreude leicht**

**Mit knapp 900 Jahren Geschichte** ist das Weingut *Kloster Eberbach* in Eltville nicht nur das älteste, sondern auch eines der größten Weingüter Deutschlands und damit ohne Frage ganz oben auf der Rhein-Main-Bucketlist. Zu Recht, denn die Kellerführung hier ist eine kleine Zeitreise und der Wein, den es zum Probieren gibt, gehört zu den besten der Gegend.

Wer den Rheingau ganz in Ruhe und mal abseits von Touristenströmen erleben will, fängt am besten am Main an – konkret: in Hochheim. Das Weinstädtchen vor den Toren Wiesbadens hat alles, was Besucher von Winzerorten erwarten: schnuckelige Straußwirtschaften, kilometerweite Spazierwege durch Reben, die gefühlt ein richtiges Labyrinth bilden, und im Ortskern selbst weinbehangene Fachwerkbauten, die sich entlang kopfsteingepflasterter Straßen und Gassen aneinanderreihen.

**INSIDER-TIPP**
**Auf Eis, bitte!**

Über 1200 Jahre alt ist der Weinbau in Hochheim, auch die englische Königin Victoria war schon da. Die Queen genoss den Wein offenbar so sehr, dass sich die Qualität des »Hock« (Hochheimer auf Englisch, das ist ja an der Grenze zum Unaussprechlichen) auf der Insel herumgesprochen hat und er dort bis heute getrunken wird. Und dass Traditionsbewusstsein und Kreativität sich gar nicht ausschließen müssen, das beweist zum Beispiel der Sommergarten der charmanten Weinbar *La deutsche Vita*, die den Hock eben mal »Frozen« anbietet und aus dem Rosé einen »Frozé à la Slush-Eis« gemacht hat. Wenn die Mittagssonne über dem Weinberg liegt, gibt es keinen schöneren Ort zum Pausemachen.

**9** **Kloster Eberbach • Kloster-Eberbach-Str 1, 65346 Eltville am Rhein • kloster-eberbach.de**

**10** **La deutsche Vita • Frankfurter Str. 1, 65239 Hochheim • artemoda-mode-kunst-wein.de**

418
A 2277

# Money, Money, Money Im Museum der Bundesbank

← Der Griff zum Gold – hier ist er ganz leicht

**Mit der Deutschen Bundesbank,** der jahrhundertealten Börse, etlichen ikonischen Bankentürmen und der hier angesiedelten Europäischen Zentralbank, braucht man eigentlich keinem Menschen erklären, wo das größte Frankfurter Klischee herkommt. Stadt der Banken, Stadt des Geldes, Stadt des Kapitalismus – der Rubel regiert in der Mainmetropole.

Wie Frankfurt zu diesem Ruf kam, welche Rolle Währungen generell spielen, wie Geld gemacht wird, und was die Kollegen in der Deutschen Bundesbank – deren Eingang nebenan geschützt wird wie Fort Nox – den ganzen Tag eigentlich so machen, das alles kannst du im Frankfurter *Geldmuseum der Deutschen Bundesbank* im Stadtteil Ginnheim erfahren. Es wurde vor ein paar Jahren modernisiert und umfasst jetzt viele Stationen, die den Rundgang nicht nur lehrreich, sondern auch verdammt informativ machen. Oder wo hast du sonst die Möglichkeit, mal einen echten Goldbarren (im Wert von einer knappen halben Million Euro) anzufassen?

Wie solche Werte definiert werden, das erfährst du zum Beispiel an den multimedialen Stationen des Museums – bei digitalen Ansprechpartnern in Banken und einem Kiosk, die sich wie in der Zaubererwelt von Harry Potter durch ihre Bilderrahmen bewegen. Im modernen 360°-Kino kannst du dich von Münzen und Geldscheinen beregnen und das Gelernte erstmal sacken lassen. Besonders spannend ist auch der Bereich, in dem Münzen und Geldscheine im Vergleich zu Fälschungen gezeigt werden. Und weil das Geldmuseum mit alldem einen Bildungsauftrag des Bundes erfüllt, kostet der Besuch hier noch nicht mal Eintritt.

**11** **Geldmuseum der Deutschen Bundesbank • Wilhelm-Epstein-Str. 14, 60431 Frankfurt a. M. • geldmuseum.de**

# Ave zusammen! Römer-Spuren im Shopping-Mall-Keller

→ **Die Fundamente des Römischen Theaters sind erhalten geblieben**

**Während bei Bauarbeiten in anderen Städten** meist nur Blindgänger in der Erde entdeckt werden, stolpern Mainzer Bauarbeiter regelmäßig über Relikte aus der Römerzeit, jahrtausendealt und von unschätzbarem Wert. Und zwar so regelmäßig, dass Bauverzögerungen durch Ausgrabungsarbeiten oft vorab eingeplant werden. Wer in der Stadt den Spuren der Römer folgen will, muss also nicht ins Museum, sondern fährt mit der S-Bahn zur Station Römisches Theater oder geht ins Einkaufszentrum *Römerpassage*, denn da gibt's die antike Geschichte quasi zum Anfassen.

Hier war man beim Bau von ebendiesem Shoppingtempel auf ein römisches Heiligtum gestoßen, dessen Inschriften vermuten lassen, dass es zwei römischen Gottheiten – Mater Magna und Isis – gewidmet war, für die die Mainzer Römer hier Opfer vollbrachten. Die erhaltenen Sockelmauern der römischen Kultstätte werden durch mystische Beleuchtung heute so in Szene gesetzt, dass sich der Besucher, der sich hier von ehrenamtlichen Mitarbeitern der Initiative Römisches Mainz alles erklären lassen kann, gleich zurückversetzt fühlt in die Römerzeit. Zu sehen sind unter anderem Opfergaben, jahrtausendealte Bronze- und Tonfiguren, Votivtafeln und Parfümflaschen.

INSIDER-TIPP **Neugierde erwünscht**

Beim *Römischen Theater*, das direkt zwischen der mittelalterlichen Zitadelle und dem nach ihm benannten Bahnhof liegt, braucht man da schon mehr Fantasie, um »Mogontiacum« wieder aufleben zu lassen. Auch hier organisiert der Verein Führungen. In Ausnahmefällen, etwa im Rahmen von Festivals, wird das Theater auch heute bespielt.

**12** **Taberna Archaeologica und Isis-Heiligtum • Römerpassage 1, 55116 Mainz • roemisches-mainz.de**

**13** **Römisches Theater Mainz • 55116 Mainz**

# Perspektivwechsel Frankfurts Skyline von allen Seiten

→ In Frankfurts Bankenviertel stehen die Hochhäuser dicht an dicht

INSIDER-TIPP
Und jetzt Kopf in den Nacken!

**Wer an Frankfurt denkt,** hat gern dieses eine Bild im Kopf: die Hochhäuser der Skyline, die sich im Mainwasser spiegeln, gern im Dämmerlicht mit beleuchteten Bürofenstern – die Finanzwelt schläft ja schließlich nie. Kaum jemand, der je die Frankfurter Innenstadt besucht und diese Ansicht nicht auf dem Handy hat.

Eine Stadttour, die andere Skyline-Perspektiven vor die Linse holt, startet im Schatten der Hochhäuser der Neuen Mainzer Straße. Hier rauschen Autos über die vier Spuren, Radler schießen an Fußgängern vorbei, ein Hupkonzert liegt in der Luft, während die Glasfassaden funkelnd die Sonnenstrahlen reflektieren. Besonders eindrucksvoll: die Kreuzung von Neuer Mainzer Straße, Großer Gallusstraße und *Taunustor*, die einzige ihrer Art in Deutschland, an der auf allen Seiten mächtige Türme aufragen.

Danach geht's mit U-Bahn und Bus erst in den östlichen Stadtteil Seckbach mit hübschen Fachwerkhäusern und von hier auf den *Lohrberg*, Frankfurts höchste Erhebung, die mit ihren 185 m immer noch gute 80 m niedriger ist als der Commerzbank Tower. Die Entfernung erzeugt die perfekte Illusion und schrumpft den Turm samt Nachbarn hinter der Weinreben-Kulisse auf Spielzeuggröße.

Die Mischung aus beiden Perspektiven, aus Mittendrin und Natur in der Stadt, schafft ein Dachgarten im Europaviertel. Das Einkaufszentrum Skyline Plaza, auf dessen Dach der *Skyline Garden* liegt, ist ein direkter Nachbar des Messeturms und damit mittendrin im Hochhausdschungel – und zwar fast auf Augenhöhe!

**14** **vorm Taunusturm • Taunustor 1, 60310 Frankfurt a. M.**

**15** **Lohrberg • 60389 Frankfurt a. M.**

**16** **Skyline Garden • Europa-Allee 6, 60327 Frankfurt a. M. • skylineplaza.de**

# Grüne Soße 2.0
# Küchenklassiker frisch verrührt

**Na, bekommst du sie zusammen, die Aufzählung, die dich zum Frankfurter macht?** Borretsch, Petersilie, Schnittlauch, Sauerampfer, Pimpinelle, Kerbel und Kresse, das sind die sieben Kräuter, ohne die in der Küche rund um Frankfurt gar nichts geht. Die »Grie Soß« hat Kultcharakter, auch in kreativen Varianten.

**← Frankfurter Pizza-Spezialität – natürlich mit »Grie Soß«**

Die *Eisdiele Christina* zum Beispiel inspirierte die Soße zu einer Eiskreation, die häufig im Angebot ist. Was ja auch nur logisch ist, wenn das Klassikergericht einer Stadt ohnehin kalt serviert wird ... Die sieben Kräuter schmecken hier genauso frisch raus wie aus der klassischen Soße – ob du das Geschmackserlebnis gern mit Schokolade oder Vanille mischen magst, bleibt dir überlassen. Die Sorte Salzkartoffeln mit Ei gibt es schließlich – noch – nicht.

Ebenso kreativ wie im Eis spielt die Grüne Soße auf der Frankfurter Pizza des Craft-Beer-Spezialisten *Naiv* mit. Knuspriger Teig und Crème Fraîche bilden hier die Basis, ein Topping aus Kartoffelscheiben, Grüne-Soße-Pesto und geriebenem Handkäs macht das Ganze zum Klassiker der Mainmetropole. Wer darauf mit etwas Hochprozentigem anstoßen will, sollte nach Bars Ausschau halten, die den kultigen »Gin Sieben« auf der Karte haben oder direkt einen Abstecher Richtung Taunus machen, wo im *Obsthof am Berg* ein Gin gebrannt wird, der die magischen sieben Kräuter enthält. Borretsch, Petersilie ... So geht die Aufzählung früher oder später ins Blut.

**17** **Eis Christina • Eckenheimer Landstraße 78, 60318 Frankfurt a. M. • eischristina.de**

**18** **Naiv Pizza • Fahrgasse 6, 60311 Frankfurt a. M. • naiv-pizza.de**

**19** **Obsthof am Berg • Auf der Hohlmauer 2, 65830 Kriftel • obsthof-am-berg.de**

Hat da jemand »Essen« gesagt? Na klar! Aber nur das leckerste und nur in der schönsten Umgebung. Geh auf Foodietour, in die heiligen Hallen des Apfelweins, zum Frühstück um die Welt. Finde den kleinsten Frankfurter Kranz und deinen Lieblingsort zum Picknicken.

# Die Lecker bissen

## Verführerisches von süß bis deftig

# Japan meets Torte
## Patisseriekunst erlernen beim Profi

**Hier geht's besonders zu.** Zwischen Macarons und Petit Fours mogeln sich regelmäßig herzhafte japanische Spezialitäten und das Grün in der Buttercreme sieht gefährlich nach Matcha aus. Ist es auch, und verdammt lecker noch dazu.

Dass Azko Iimori, die den Laden gegründet hat, in Rekordzeit bei Frankfurtern und Touristen ganz groß raus gekommen ist, liegt einerseits am ungewöhnlichen Konzept der *Iimori Pâtisserie*, die auch japanisches Restaurant ist. Zum anderen eben daran, dass Iimori und ihr Team ganz klassisch in französischer Konditorenkunst ausgebildet sind, die japanischen Einflüsse aber dennoch perfekt in die Rezepte integrieren. Was dazu führt, dass der Kunde am Ende nicht wirklich weiß, was Innovation ist und was einfach so sein muss.

Wenn du lernen willst, wie die Kunstwerke entstehen, wie Macarons den perfekten Farb- und Fluffigkeitsgrad erreichen, kannst du alle paar Wochen zum Kurs bei der Chefin höchstpersönlich vorbeischauen. Hier entstehen etwa klassische Schokoladentorten, bunte Petit Fours, quasi Mini-Törtchen, die in einem Happen aufgegessen sind und dabei eine kleine Geschmacksexplosion auslösen, und technisch anspruchsvolle Klassiker wie der vielschichtige Baumkuchen. Mit den Kurskosten bezahlst du neben unbezahlbaren Tipps vom Profi auch eine ganze Menge unvergesslicher Naschmomente.

**← Green Tea Opera und Gâteau au chocolat – Beispiele für die Kunst von Azko Iimori**

INSIDER-TIPP
Auf neuem Level backen

**1 Iimori Pâtisserie • Braubachstr. 24, 60311 Frankfurt a. M. • iimori.de**

# Stöffche zelebrieren

## Daheim beim Apfelwein

→ **Hier im Gewölbekeller entsteht das hessische Nationalgetränk**

**Das Eldorado des Apfelweins** tut sich vor einem auf, wenn man die schmale, steile Treppe zum Keller der Traditions-Apfelweingaststätte *Daheim im Lorsbacher Thal* herabgestiegen ist. Gigantische Holzfässer, in denen hektoliterweise Apfelwein lagert, etliche hölzerne Regale bieten Platz für Tausende Flaschen. Und im Herbst liegt der Duft vom Keltern in der Luft.

INSIDER-TIPP
**In heiligen Hallen**

Knapp 15.000 Liter Stöffche entstehen hier pro Jahr, seit die alte Keltertradition 2014 von den neuen Besitzern wieder aufgenommen worden ist. Während in vielen Traditionsgaststätten inzwischen Keller um Keller umgebaut wurde, um mit Kühlhaus und Heizanlage moderne Bedingungen zu schaffen, ist man hier stolz darauf, dass alles geblieben ist, wie es war. Warum, das erklärt das Team bei regelmäßigen Kellerführungen und Apfelweinverkostungen. Pia und Frank Winkler haben sich auf die Fahne geschrieben nicht nur die meisten Apfelweinsorten der Stadt, sondern auch der ganzen Welt anbieten zu wollen. Mit über 300 Sorten aus 28 Ländern und von vier Kontinenten samt zahllosen zugehörigen Geschichten und Anekdoten ist ihnen das gelungen.

Wer nicht nur beim Ausgehen eine vielseitige Auswahl möchte, sondern auch beim Kauf, der sollte in Hanau beim *Main Genuss Laden* der Maintaler Privatkelterei Stier vorbeischauen. Hier gibt es immerhin über 40 Sorten zu kaufen, vom Apfelwein über Cidre bis zu Schaumweinen und Saft aus eigener Herstellung.

**2** **Daheim im Lorsbacher Thal • roße Rittergasse 49, 60594 Frankfurt a. M. • lorsbacher-thal.de**

**3** **Main Genuss Laden • Heumarkt 6, 63450 Hanau • kelterei-stier.de**

# Bunt geknuspert
# Im Wunderland der Frühstücksflocken

→ **Buntes Flockenparadies**

**Es ist ein bisschen,** als wäre man mit einem Schlag zurück in die Kindheit zurückversetzt, wenn die bunten Frühstücksflocken aller Formen und Geschmacksrichtungen nach und nach in die Schüssel rieseln. Jetzt noch ein bisschen hiervon und ein bisschen davon, Milch drüber und vielleicht noch ein paar Toppings?

Gut … das mit dem Vorsatz, gesünder zu frühstücken, hat bei diesem Besuch im *Cereal Culture Café* nicht geklappt, aber man darf sich ja auch mal was gönnen, wenn das Müsliparadies schon so verlockend auf einen wartet. Und theoretisch gäbe es hier ja auch ganz gesunde Alternativen wie Porridge oder zuckerfreie Cornflakes, problemlos auch mit pflanzlichen Milchalternativen. Aber heute ist bunt an der Reihe, und das so richtig. Wenn die Entscheidung schwerfällt, such dir entweder eine der Standardmischungen aus – die Salted Caramel Bowl etwa ist ein Traum – oder lass dich einfach von den Mitarbeitern beraten. Sie verstehen ihr Handwerk!

Ein ganz großer Teil der Auswahl, deren Verpackungen in den Regalen hinter der Bar die Wand schmücken wie eine gigantische knallbunte Tapete, sind Lieblingscerealien von Generationen US-Amerikanern, aber auch britische Frühstücksklassiker stehen auf den Regalbrettern und werden auf Wunsch mit der langen Greifzange von der Wand gefischt. Ganz exotisch wird's mit einigen seltenen Imports, etwa Frosties aus Japan oder Sondereditionen aus den USA. Lucky Charms, Pop Tarts, S'Mores und Co. gibt's regelmäßig auch in Feiertags- und anderen Sondereditionen.

**4** **Cereal Culture Café • Saalburgstr. 39, 60385 Frankfurt a. M. • facebook.com/CerealCultureCafe**

Krave
Rice Krispies
S'mores
KiX
Kellogg's
Peanut Butter
Pop-Tarts
Pops
Nilla
Cheerios
French Toast Crunch
Churros
Funfetti
Chocolate Toast Crunch
Clusters
Eggo
Weetabix
Minis
Twinkies
Lucky Charms
Cini Minis
Lion
Fruity Pebbles
Dunkin'
Weetos
Froot Loops
Cocoa Krispies
Apple Jacks
Birthday Cake
Tropical
Crunch
Pebbles

JAMBON

# Schinkenrevival Was Mainz mit Parma verbindet

**Man stelle sich vor,** die Münchner Weißwurst, der Emmentaler Käse oder der weltberühmte Champagner wären plötzlich – ganz ohne Vorwarnung – aus dem kulinarischen Kulturgut verschwunden. Weg, aus der Erinnerung ausgelöscht! So ging es den Mainzern mit ihrem Schinken, und den wiederzufinden war eine ganz schöne Detektivarbeit, auf deren Spuren dich eine Stadtführung durch Mainz (mainzerschinken.de) mitnimmt.

INSIDER-TIPP
**Auf den Spuren einer Legende**

Der klingende Name »Jambon de Mayence«, herzhaftes Räucheraroma und die lange Haltbarkeit der Spezialität sorgten dafür, dass der Mainzer Schinken seit dem Mittelalter viele Jahrhunderte als Delikatesse und sogar Exportschlager galt, der auf französischen Märkten verkauft wurde. Anfang des 20. Jahrhunderts geriet er in Vergessenheit und wer in Mainz an Weck, Worscht und Woi dachte, dem kam dabei alles andere als Schinken in den Sinn.

Tatsächlich war es eine Stadtführerin, die den Stein auf der Suche nach dem Heiligen Gral wieder ins Rollen brachte, nachdem sie von einer französischen Gästegruppe erfuhr, dass in Frankreich sogar ein Kinderlied vom Mainzer Schinken erzählt. Schinken, welcher Schinken? Die Neugier war geweckt und es ging auf Spurensuche.

Nach jahrelanger Recherche gelang es der Stadtführerin gemeinsam mit dem Mainzer *Traditionsmetzgerbetrieb Walz*, den Schinken aus der Versenkung zu holen und ihm wieder zum Klassikerstatus zu verhelfen. Probieren kannst du ihn hier direkt an der Fleischtheke.

**← In der *Metzgerei Walz* kommst du dem Schinken auf die Spur …**

**5 Metzgerei Walz • Schönbergstr. 2, 55120 Mainz • metzger-walz.de**

# No animals were harmed Auf veganer Foodietour

**→ Lecker! Kein Zufall übrigens, dass »Kumpir« ähnlich klingt wie das pfälzische »Grumbeer« (Kartoffel) – deutsche Siedler haben das Wort bis nach Anatolien gebracht, von dort wird er nun reimportiert**

**Wenn es eine kulinarische Erkenntnis gibt,** die über die vergangenen Jahre und Monate immer mehr an Fahrt aufgenommen hat, dann die: Es geht auch ohne! Bereit für den Test? Wir starten den Tag in Mainz beim veganen Frühstück im *Schrebergarten*. Das vegetarische Bistro mit vielen veganen Optionen hat sich in den letzten Jahren nicht nur mit der türkischen Kartoffelspezialität »Kumpir« einen Namen gemacht – quasi eine Art Kartoffelsandwich, gefüllt mit vielerlei Gemüsesorten und Soßenvariationen –, sondern tischt am Wochenende auch regelmäßig veganes Frühstück auf.

Zum Mittagessen geht's dann in die Wetterau, direkt an die nördliche Grenze Frankfurts. Im Herz der Brunnenstadt Bad Vilbel hat sich hinter der Fassade eines schnuckligen Fachwerkhauses das rein vegane Restaurant *Apfelkern & Kolibri* häuslich eingerichtet und ist für jede Form von Appetit gerüstet, egal ob du lieber nur eine Suppe essen möchtest oder Burger mit Pommes gegen den Bärenhunger herhalten müssen. Aber Achtung, lass Platz fürs Abendessen!

Denn dazu geht's in eins der wenigen Sternerestaurants, das ein ganzes veganes Menü auf der Karte hat. Das *Lafleur* im Palmengarten-Gesellschaftshaus ist eines von zwei Frankfurter 2-Sterne-Häusern und was Küchenchef Andreas Krolik und sein Team hier zaubern, ist nicht nur kulinarisch echte Kunst.

**6** **Schrebergarten • Kurfürstenstr. 9, 55118 Mainz • schrebergartenmainz.de**

**7** **Apfelkern & Kolibri • Frankfurter Str. 6, 61118 Bad Vilbel • apfelkern-und-kolibri.de**

**8** **Lafleur • Palmengartenstr. 11, 60325 Frankfurt a. M. • restaurant-lafleur.de**

# Runde Sache Frankfurter Kranz neu interpretiert

→ **Ein Klassiker (oben) und seine Neuinterpretation – jeweils selbstverständlich mit Kirsche**

**Zugegeben: Der kleinste Frankfurter Kranz der Stadt ist streng genommen mehr Muffin als Torte,** bringt aber trotzdem alle Elemente zusammen, die dem Gebäck seinen Kultstatus geben. Saftige Böden aus Rührteig, luftige Buttercreme, ein knuspriger Nussmantel und die fruchtige Kirsche obendrauf.

Regina Graff, die kreative Chefin der *Patisserie Graff*, hat halt ihren eigenen Kopf. Entgegen dem Rat ihrer Eltern ging sie bei deutschen Top-Konditoren in die Lehre, heimste etliche Auszeichnungen ein, darunter sogar den 4. Platz bei der Konditorenweltmeisterschaft in Seoul. Und was die Optik der technisch ausgefeilten Torten und Kuchen angeht, hat sie eben auch ihre eigenen Ansprüche. Das sieht man beim Blick in die Auslage, wenn einen die mit hauchdünnem Wasserstrahl geschnittenen Stücke mit knallbunten Toppings und kunstvollen Schokoladen- und Zuckerdekorationen so verführerisch von unten angucken. Du ergatterst keinen der wenigen Stühle in diesem Mini-Café? Dann gibt's eben eine Schlemmerstunde im Brentanopark um die Ecke. Und wenn's dann doch mal wieder ein klassischer Frankfurter Kranz sein soll, ist das *Café Mozart* auf der Töngesgasse die richtige Adresse. Oder die *Konditorei Hollhorst*. In deren Backstube laufen auf Vorbestellung die Öfen heiß und der Kranz zum Abholen für zu Hause ist damit der beste Geheimtipp für größere Feiern.

INSIDER-TIPP
Kuchentraum To Go

**9** **Pâtisserie Graff • Reichsburgstr. 12, 60498 Frankfurt a. M. • facebook.com/confiseriegraff**

**10** **Café Mozart • Töngesgasse 23-25, 60311 Frankfurt a. M. • cafemozart-frankfurt.de**

**11** **Konditorei Hollhorst – Dreikönigstr. 55a, konditorei-hollhorst.de**

Graff

# Zum Frühstück um die Welt In Frankfurt Sachsenhausen

INSIDER-TIPP
**Spezialitäten-Heimspiel**

**Einmal durch die Karte des kleinen Café Mola direkt am Frankfurter Südbahnhof geblättert,** und man ist zumindest gedanklich schon ganz schön rumgekommen. Unterm Eiffelturm warten Croissants und süße Marmelade, vorm Bergpanorama des Matterhorns gibt's Emmentaler, vor der Sagrada Familia typisch spanischen Serrano-Schinken und an der Hagia Sophia in Istanbul Oliven, Honig und Sucuk. Dass die türkischen Spezialitäten den Café-Machern besonders leichtfallen, verrät übrigens schon der Name. Das türkische Wort »Mola« heißt so viel wie Pause. Und die solltest du dir hier auch fürs gedankliche Reisen gönnen, denn wenn die Fantasie stark genug ist, verschwimmt das Bild des geschäftigen Südbahnhofs direkt vor deinen Augen und echte Urlaubsgefühle machen sich breit.

Noch nicht genug gereist? Dann hüpf doch kurz nach Lissabon, oder genauer: ins nahe Belém, wo die berühmten Pastéis de Nata erfunden wurden. In der *Casa de Portugal*, einem fantastischen portugiesischen Spezialitätenladen, gibt's die mit Pudding gefüllten Blätterteigtörtchen in unzähligen Varianten.

→ **Tagsüber Nachbarschaftscafé, abends gemütliche Bar: *Café Mola***

Oder du reist mithilfe des *Atelier des Tartes* zum Brunch nach Frankreich. Im Bistro in der Kleinen Brückenstraße gibt's herzhafte und süße Leckerbissen umhüllt von knusprigem Teig. Da darf man mit dem Frühstück auch ruhig ein bisschen später dran sein …

**12** **Café Mola • Diesterwegstr. 39, 60594 Frankfurt a. M. • mola-frankfurt.de**

**13** **Casa de Portugal • Brückenstr. 60, 60594 Frankfurt a. M. • casadeportugal.de**

**14** **L'Atelier des Tartes • Kleine Brückenstraße 3, 60594 Frankfurt a. M. • facebook.com/atelierdestartes**

isquét

# Die Essensretter Von krummem Gemüse und Brotrestebier

Wer zum Thema Lebensmittelrettung und Resteküche Praktisches lernen möchte, für den ist die erste Anlaufstelle in Rhein-Main der Verein *Shoutoutloud* (shoutoutloud.eu) der einen Resteküche-Foodtruck betreibt, bei Nachhaltigkeitsfestivals mitmacht und das Netzwerk-Kochevent »Integration geht durch den Magen« ins Leben gerufen hat, zu dem Geflüchtete internationale Rezepte beisteuern. Außerdem gibt es regelmäßige Kochworkshops, die man auch individuell buchen kann. Aus der Initiative sind auch spannende Ideen zur Lebensmittelrettung entstanden, zum Beispiel wird für das im Unverpackt-Laden *Die Auffüllerei* verkaufte Bier »Knärzje« Altbrot der Frankfurter Bäckerei »Zeit für Brot« verarbeitet

Frisches Bio-Gemüse findest du auf den Wochenmärkten der Region. In der Wetterau wachsen zum Beispiel Obst und Gemüse von *Querbeet*, wo du auch Boxen mit völlig einwandfreien Waren, die aber nicht ganz der Norm entsprechen, im Abo bestellen kannst. Doch erstmal wird ausgiebig probiert! Jeden Mittwoch und Samstag zum Beispiel auf dem Wochenmarkt in Friedrichsdorf.

**← Mit kleinen Macken, aber trotzdem lecker: ab in die Bio-Box!**

**15 Die Auffüllerei • Höhenstr. 40, 60385 Frankfurt a. M. • dieauffuellerei.de**

**16 Queerbeet auf dem Wochenmarkt • Landgrafenplatz, 61381 Friedrichsdorf • queerbeet.de**

FLŸGGE
Flinn
Roggenbier

FLŸGGE

# Da braut sich was zusammen Hopfen trifft Traube

**Im Land des Bieres und des Reinheitsgebots** ist das, was die Start-Up-*Brauerei Flügge* am der südwestlichen Stadtgrenze Frankfurts veranstaltet, an Absurdität kaum zu überbieten. Und zwar auf die denkbar positivste Art. Sudkessel und eine Abfüllanlage in den Räumen einer ehemaligen Bäckerei, Biere mit ungewöhnlichen Namen wie Elsa, Anni oder Fränk, Aromen, die mit Wörtern wie Maracuja, Johannisbeer und Kaffee beschrieben werden, und dann noch die Sache mit dem Bier-Wein-Hybrid ...

**← Sympathische Piepmätze auf den Etiketten, in den Flaschen originelles Bier**

Dass das Team der jungen Brauerei weiß, was es tut, merkt man sofort. Die Ideen scheinen im ersten Moment so verrückt, dass es einfach funktionieren muss, sonst ließe die Erfolgsgeschichte sich ja kaum erklären.

So arbeiten die Brauer mit dem jungen rheinhessischen Weingut von Daniel Mattern zusammen und haben gemeinsam einige Bier-Wein-Hybriden entwickelt, die bei der Verkostung alles umwerfen können, was du je über Bier (oder Wein) gedacht hast. Wie der Wein kommen hier alle Zutaten nur von ausgesuchten Lieferanten, sodass die Brauer die Geschichte ihres Bieres von Anfang an mit leuchtenden Augen erzählen können. Einen Einblick in die Produktion und die Chance mit dem Team zu sprechen bekommst du beim monatlichen Werksverkauf.

INSIDER-TIPP
**Ein ungleiches Paar**

**17** **Brauerei Flügge • Goldsteinstr. 254, 60529 Frankfurt a. M. • brauerei-fluegge.de**

# Reise in die Gründerzeit Im Traditionscafé den Alltag vergessen

→ **Kaffeehaus-Atmosphäre wie anno dazumal**

INSIDER-TIPP
**In aller Munde**

**Mit Kronleuchtern und ausladenden Möbeln** wirkt das Wiesbadener Kultcafé *Maldaner* fast, als hätte sich in all den Jahren, seit Adam Maldaner sein Kaffeehaus nach Wiener Vorbild auf der Wiesbadener Friedrichstraße im Oktober 1859 zum ersten Mal öffnete, rein gar nichts verändert.

In der Auslage stehen bunte Torten, dampfender Kaffee verströmt sein Aroma im ganzen Saal, wenn nun noch chic gekleidete Herren mit Frack und Zylinder durch die Tür träten und draußen Pferdehufe und uralte Fiaker übers Pflaster klapperten, würde einen das auch nicht wundern. Kellner huschen geschäftig mit stapelweise Porzellantellern von A nach B, eskortieren Gäste nach alter Schule an ihren Platz und empfehlen den besten Kaffee der schier endlos langen Karte, die Tradition und Moderne vereint, genau wie die zig Torten- und Kuchenvariationen, die einem beim Blick in die Auslage das Wasser im Mund zusammen laufen lassen. Absoluter Klassiker: Was dem Pariser seine Gâteau Opéra und dem Wiener seine Sachertorte ist dem Wiesbadener die Maldaner Schnitte mit saftigem Weinbrand-Aroma.

Eine entspannte Zeit im Kaffeehaus zu verbringen, das war zu den Anfangszeiten des Cafés fast noch üblicher als heute, vor allem, da in Wiesbaden zur damaligen Zeit fast mehr Kurgäste als Einwohner weilten, die sich gerne ein Stück Torte mit Kaffee und damit das Gefühl des Dolce Vita leisteten. Heute ziehen Kaffee, Torten und Ambiente ein breiteres Publikum an: Menschen, die in der Nähe arbeiten, Touristen, Ausflügler genau wie alteingesessene Wiesbadener.

**18** **Café Maldaner • Marktstr. 34, 65183 Wiesbaden • maldaner1859.de**

Maldaner

# Jenseits des Apfelweins Gute Cocktails in der Provinz

**Es gibt sie noch diese Orte,** an denen ein Cocktail oder Longdrink mehr ist als eine Nummer in der Getränkekarte. Wo Spirituosen noch handverlesen sind, der Barbetreiber zumindest einen Teil seiner Lieferanten persönlich kennt und sich bei den Cocktailrezepten noch richtig viel Mühe gegeben hat.

← **Du magst kreative Cocktails? Im *Switch* bist du richtig**

Und diese Orte liegen längst nicht mehr nur in den Partyhochburgen der Region, sondern auch in kleineren Orten und Städtchen in Rhein-Main. Das Land kann nur Apfelwein – von wegen! Etwa in Hattersheim zwischen Frankfurt und Wiesbaden funkeln hinter der Bar des *Switch* Flaschen aller Farben, Formen und Höhen, die Cocktailkarte selbst verlangt Zeit zum Zurechtfinden, wobei die Barkeeper gern und kompetent behilflich sind.

Wie tief man sich hier mit der Materie der Cocktails beschäftigt hat, zeigt auch die 40 Seiten starke Karte, etwa das Kapitel »Vintage & Forgotten«, in dem es um Drinks geht, die nicht den Sprung in die Moderne geschafft haben. Oder hast du schonmal einen Cocktail mit Calvados getrunken? Vertrauen geweckt, dann weißt du ja jetzt, dass du dich bei den Cocktailseminaren, Tequila-, Gin- und Rumtastings in die besten Hände begibst. Und solltest du glauben, dass Whisky und Schokolade nicht zusammenpassen, dann wirst du hier eines Besseren belehrt.

INSIDER-TIPP
**Auf ins Cocktail-Studium**

Im Taunus liegt der Cocktailhimmel zum Beispiel im hübschen Burgstädtchen Kronberg. Im *Zeus hat Durst* gibt es neben Cocktail-Klassikern und Wein auch eine ansehnliche Gin-Auswahl für den garantiert perfekten Gin Tonic.

**19** **Switch – Die Cocktailbar • Am Kirchgarten 11, 65795 Hattersheim • switch-diecocktailbar.de**

**20** **Zeus hat Durst • Friedrich-Ebert-Str. 8, 61476 Kronberg i. T. • zeus-hat-durst.de**

# An der Route 67
# Essen wie in Amerikas Fifties

→ **Burger im Route-66-Ambiente**

**Noch vor wenigen Jahrzehnten** musstest du hierzulande richtig lange suchen, um einen wirklich guten Burger zu finden. Dass die Zeiten sich inzwischen geändert haben, ist eine Sache – dass man mit dem richtigen Ambiente doch ganz schön punkten kann, eine andere. Das Diner *Freeway B-42* unweit der Autobahn A67 setzt genau darauf. Mit knallig türkisfarbenen gemütlichen Eckbänken, Nummernschildern und Neonreklamen an der Wand – und hängen da vorn ernsthaft die Nasen alter Autos über den Sitzbänken? Der Buick Riviera, dessen Front hier aus dem Mauerwerk ragt, gilt noch heute als Symbol fürs Amerika der 50er-Jahre. Und dahin geht's jetzt auch kulinarisch.

Die saftigen Burger schmecken hier wie in jenen Zeiten, als alle noch frische Produkte statt Industrieware verwendeten, in Sachen Beilage kannst du allein zwischen vier Sorten Fries entscheiden – Classic, Curly, Süßkartoffel und hausgemachte Freeway-Wedges. Auch andere US-Spezialitäten wie Wings oder Steaks stehen auf der Karte, und die Salat- und Veggieburger-Auswahl kann sich sehen lassen. Zu trinken gibt's hausgemachte Eistees und Milchshakes. Dass man noch in Deutschland ist, merkt man vor allem daran, dass das Bier vom Fass kommt und nicht aus dem Pitcher. Immer noch Hunger? Dann probier dich durch die Dessertkarte mit Cheesecakes und Pancakes!

Wer nach dem Essen für einen Absacker bleiben will, zieht auf einen der gemütlichen Barhocker um und schaut den Barkeepern im grellen Neonlicht beim Mixen zu. Die Zahl der Flaschen mit diversen Alkoholika, die rings um die Bar aufgereiht sind, erklärt sich nach dem Studium der gigantischen Cocktail-Karte. Na, Entscheidung gefallen?

**21** **Freeway B-42 • Lise-Meitner-Str. 6, 65428 Rüsselsheim • freeway-b42.de**

# Ab ins Grüne
# Picknicken mit Stil

→ **Authentische koreanische Küche – mitten in Bornheim**

**Obst schnippeln, Stullen schmieren, Eier kochen** – klar kann man sich für's perfekte Mittagspicknick im Park den ganzen Vormittag in die Küche stellen. Oder du gönnst dir mal was und holst dein Luxus-Picknick beim Restaurant um die Ecke vom Park.

Nur wenige hundert Meter vom Wiesbadener Kurpark etwa liegt das Restaurant *Little Italy*, das beweist, dass die Küchentradition zwischen Dolomiten und Ätna aus mehr besteht als nur Pizza und al Forno. Hier gibt's Fischkreationen und Meeresfrüchte auf hausgemachter Pasta, mediterrane Fleischspezialitäten und feine Weine in den Picknickkorb – und wenn's unbedingt Pizza sein muss, natürlich auch die mit Carpaccio oder Trüffel. Beim Auspacken im hübschen Kurpark macht sich dann garantiert ein Gefühl von Dolce Vita breit.

Mondän und international wird's beim Picknick in Darmstadt. Wenige Gehminuten von Mathilden- und Rosenhöhe spazierst du erst zum persischen Restaurant *Shiraz* und lässt dir den Picknickkorb füllen mit Falafel, Weinblättern und persischen Leckereien vom Grill. Der Weg vorbei an den Jugendstilgebäuden der Mathildenhöhe und den goldenen Kuppeln der russischen Kapelle verleiht dem Picknick dann nochmal eine ganz eigene Exotik.

Oder du startest dein Picknick im Herzen eines der schönsten Frankfurter Stadtteile. Unweit der U-Bahn-Station Bornheim Mitte gibt's im *Sonamu* koreanisches »Comfort Food«. Schnörkellos authentisch. Bi Bim Bap, Bul Go Gi, Kim Chi und Jap Che sicher in der Tasche verstaut? Dann wartet jetzt die Gänseblümchenwiese im Günthersburgpark auf dich.

**22** **Little Italy • Burgstr. 1-3, 65183 Wiesbaden • littleitaly-wiesbaden.de/**

**23** **Shiraz • Dieburger Str. 73, 64287 Darmstadt • shiraz-restaurant.de**

**24** **Sonamu • Berger Str. 184, 60385 Frankfurt a. M. • facebook.com/sonamu.frankfurt**

Carte
blanche

# Überraschung! Hier gibt's keine Speisekarte

**Wer sich als begeisterter Hobbykoch** jemals vorgenommen hat, aus kreativ und ziemlich zufällig zusammengewürfelten Zutaten Neues zu erschaffen, weiß, dass in der Kulinarik eigentlich nichts unmöglich ist und auf diese Art und Weise eigentlich ohnehin die besten Kreationen entstehen. Wenn dann auch noch Profis so arbeiten, kommst du aus dem Staunen kaum noch raus. Glaubst du nicht? Dann ab ins *Carte Blanche!*

**← Was wird wohl heute aufgetischt?**

Das Konzept des charmanten Restaurants im Nordend – das ein bisschen daherkommt, als sei es selbst eine gigantische Wohnküche, in der einfach nur eine besonders stilvoll eingedeckte Nachbarschaftsparty stattfindet – ist schnell erklärt: Die Speisekarte besteht aus einer Einkaufsliste der größtenteils saisonalen Zutaten, die das Küchenteam um Chef Sebastian Ziese von den Lieferanten ihres Vertrauens bekommen hat. Du als Gast hast die Möglichkeit, die Zutatenliste bei Bedarf einzuschränken (für ein veganes, gluten- oder laktosefreies Menü am besten einige Tage vorher kurz telefonisch Bescheid geben), und dann kann's auch schon losgehen. Fürs Küchenteam hat die fehlende Speisekarte den Vorteil, dass es mit immer neuen Ideen und Geschmackskombinationen nie langweilig wird, du als Gast hast den besonderen Erlebnisfaktor in deinem Abendessen gleich mit inbegriffen.

Dass das Team sich auch mit Weinen auskennt, beweist die gigantische Weinkarte, die dafür sorgt, dass die Speise- und Getränkekarte auf dem Tisch doch ein ganz schöner Schmöker ist. Wer sich unsicher ist, welcher Wein wozu passt, kann einfach der Beratung des Restaurantteams blind vertrauen.

**25 Carte Blanche • Egenolffstr. 39, 60316 Frankfurt a. M. • carteblanche-ffm.de**

# Sand unter den Füßen Ausgefallene Küche aus Afrika

→ **Hier wird mit den Händen gegessen**

INSIDER-TIPP
Star der Speisekarte

**Wenn der Sand auf dem Restaurantboden kaum hörbar unter den Schuhen knirscht,** fühlt man sich mit einem Mal ganz weit weg. *Im Herzen Afrikas* liegen ungewohnt intensiv duftende Gewürze in der Luft, aus den Lautsprechern kommt Popmusik, die du vermutlich noch nie gehört hast und die trotzdem gleich ins Ohr geht. Und die Wände zieren Bilder, die entfernte Welten und fremde Menschen zeigen.

Die gemischten Platten, die es zum Festpreis in vegetarisch und fleischhaltig gibt, sind eine Mischung aus vielen Spezialitäten des Hauses. Die eintopfartigen Gerichte stehen samt Mini-Topf auf dem servierten Riesenteller und werden noch am Tisch auf die Unterlage aus Injera gegossen, einer Art Fladenbrot aus Teffmehl, das traditionell in Äthiopien und Eritrea gegessen wird. Dazu erzählen die Mitarbeiter dir ein wenig von der ostafrikanischen Küche und erklären, wie du am besten mit den Fingern isst, ohne den Tisch in ein Schlachtfeld zu verwandeln. Jeder kostbare Happen, der hier runter fällt, landet schließlich im Sand.

Die Auswahl aus einzelnen Gerichten und gemischten Platten gibt's auch im ersten afrikanischen Restaurant in Mainz, das 2014 zwischen Dom und Rhein eröffnet hat. Das Besondere am Menü im *Madiba Afrika* ist, dass hier nicht nur Ostafrikanische Küchenklassiker wie im Herzen Afrikas und vielen anderen afrikanischen Restaurants hierzulande auf der Karte stehen, sondern auch viele Spezialitäten aus dem Westen. Ein Liebling bei Stammgästen ist die Ghana-Mixplatte mit Yams, Kochbananen, Reis und traditionellem Fischeintopf.

**26** **Im Herzen Afrikas • Gutleutstr. 13, 60329 Frankfurt a. M. • imherzenafrikas-frankfurt.de**

**27** **Madiba Afrika • Heugasse 6, 55116 Mainz • madiba-afrika.com**

Kunst & Kultur! Zum Gucken. Zum Machen. Zum Mitmachen. Und manchmal auch zum Kaufen. Im Museum oder an der frischen Luft. Von Puppenschauspielern und Science Slammern, von Rhein-Main-Mode und Indoor-Street-Art. Hier gibt's jede Menge kreativen Input!

# Die kreativen Orte

## Kunst & Kultur von gediegen bis hipp

# Elvis lässt grüßen
# Shoppen wie in den 60s

→ Retro-Fashion im Stil der 1920er bis 1960er-Jahre

**Während aus den Lautsprechern Elvis und Buddy Holly rocken,** reihen sich an den Wänden des winzigen Ladens im kreativsten Viertel Sachsenhausens bunte Röcke, Kleider, Jäckchen, Mäntel, Badeanzüge und Accessoires einmal rundum. Mittendrin steht ein Kleiderständer mit Petticoats aller Farben und Buschigkeitsgrade. Also entweder ich bin in der Zeit gereist oder im Modehimmel!?

Das Konzept der Boutique *Peggy Sue Vintage*, die ihren eigenen Onlineshop hat, konzentriert sich klar auf Vintage-Style, von ausgeflippt bis alltagstauglich. Verkauft und beraten wird von Angi, der Ladengründerin, und ihren Mitarbeiterinnen, die die Mode mit Haut und Haar leben und jede Kundin ganz individuell dabei unterstützen, genau den Stil zu finden, der zu ihr passt. Von den 20ern mit Glitzerkleid und Marlene-Hosen bis in die 60er mit Petticoat-Rock und Polkadots ist die Auswahl hier breit aufgestellt. Beim Einkauf der modernen Vintage-Labels orientiert man sich neben der Hochwertigkeit von Stoffen und Verarbeitung auch immer ein wenig an realistischen Trends, die es so oder so ähnlich tatsächlich gegeben hat. Neben deutschen Produzenten landen hier auch vermehrt schwedische, britische und US-amerikanische Designer und Produzenten im Regal.

INSIDER-TIPP
Die Geschichte des Stils

Das Lebensgefühl vergangener Jahre perfekt machen auch die Kurse und Workshops, deren Spektrum von der Stilberatung über Frisur- und Makeup-Tipps bis hin zu Retro-Fotoworkshops reicht (siehe Website und die Social-Media-Seiten der Boutique). Der Liebe und Begeisterung für die Mode vergangener Jahrzehnte dann je wieder zu entkommen: unmöglich!

**1 Peggy Sue Vintage • Wallstr 20, 60594 Frankfurt a. M. • peggysuevintage.de**

PEGGY SUE VINTAGE

IM DUNKE
EINE AUSSTELLUNG ZUR ENTDECKUNG
DES UNSICHTBAREN

# Lichter aus!
# Rollen tauschen!

**Und plötzlich, immerhin mit Vorwarnung, umgibt dich völlige Dunkelheit.** Den Taststock in der Hand führt dich das *Dialogmuseum*, das gerade vom Ostend in die B-Ebene der Hauptwache umgezogen ist, in eine Welt, die für Menschen mit Sehbehinderung Realität ist. Eine Welt, in der Dinge – wenn überhaupt – nur schemenhaft zu sehen sind, und in der man oft auf kreative Hilfsmittel angewiesen ist.

**← In lichtlosen Räumen Blinden vertrauen – und der Fantasie freien Lauf lassen**

Die Museumsführer, mit denen die Gäste hier unterwegs sind, sind selbst blind oder sehbehindert und meistern trotz Einschränkungen ihren Alltag, in den sie die Besucher mitnehmen. Die merken plötzlich, wie das ist, auf fremde Hilfe angewiesen zu sein, und den Sehsinn durch die anderen Sinne zu ersetzen. Die wiederum werden unterwegs durch den »Dialog im Dunkeln« ganz schön geschärft. Dabei gibt es Einblicke in Alltagssituationen, vom Cafébesuch bis zur Arbeit mit Braille-Schrift wird eine ganze Menge erklärt und praktisch dargestellt.

Du willst dein Experiment auf die Spitze treiben und wissen, wie sich ein ganzes Abendessen im Dunkeln anfühlt? Im Süden der Region hat sich in Gernsheim das Restaurant *Real Blind* auf Dinner im Dunkeln spezialisiert. Den stockdunklen Gastraum betrittst du über eine Lichtschleuse, der dafür sorgt, dass zu keiner Zeit Licht in den Raum kommt. Ob du dein 3-Gänge-Menü mit Fleisch, Fisch oder vegetarisch möchtest, entscheidest du bei der Buchung. Was dann passiert, bleibt Überraschung.

**2** **Dialogmuseum • An der Hauptwache, B-Ebene: Roßmarkt, 60313 Frankfurt a. M. • dialogmuseum.de**

**3** **Real Blind • Magdalenenstr. 63, 64579 Gernsheim • realblind.jimdofree.com**

# Das hab ich gemacht? Schmuckstücke aus dem Töpferworkshop

**Wenn Viola Beuscher voller Begeisterung** von ihrem Handwerk und ihren Materialien spricht, sich die Töpferscheibe vor ihren Knien in einem fort dreht und wie aus dem Nichts zwischen ihren Fingern aus einem wenige 100 Gramm schweren Stück Ton scheinbar mühelos eine elegante Struktur entsteht, springt der Funke ruckzuck über. Das sollst du in nur wenigen Stunden auch lernen? Nichts wie ran den Speck!

Letztlich, betont die gefragte Keramikdesignerin schmunzelnd, sei das mit dem Töpfern wirklich kein Hexenwerk. Schritt für Schritt erklärt sie in Gruppen- und Einzelkursen, wie du an der Töpferscheibe den richtigen Dreh findest, um selbst Schalen, Teller und mehr zu kreieren. Und bald schaust du mit ungläubiger Faszination auf die eigenen Finger – wie am Anfang auf Violas.

Nachdem die Teile eine Woche lang Zeit zum Trocknen hatten, wird gebrannt, glasiert und nochmals gebrannt. In der letzten Sitzung geht's dann ans Bewundern und Abholen der kleinen Kunstwerke – Achtung! Unbedingt gut verpacken! Mit zehn bis zwölf Teilen gehst du hier locker nach Hause.

Du hättest gern noch ein echtes Profi-Stück? Bei *Viola Beuscher Ceramics* kannst du eins kaufen. Ihre handgearbeiteten Teller, Schalen, Becher und Vasen stehen sogar bei hippen Szenecafés und Sternerestaurants ganz hoch im Kurs.

**← Neueinsteiger kommen zunächst mal mit Wasser, Schwamm und Lappen aus**

**4 Viola Beuscher Ceramics • Gutleutstr. 16A, 60329 Frankfurt • violabeuscherceramics.com**

# Jamsession Jeder kommt mal dran

**Das ultimative Upgrade für alle Konzertfans, die selbst wissen, wie man ein Instrument bedient:** Lauschst du noch oder spielst Du schon? Lampenfieber? Einfach ausblenden! Jetzt macht sich das viele Proben der letzten Wochen bezahlt! On stage im Kulturzentrum *Eschborn K* rücken die Profis dichter zusammen, um dir und anderen Gästen Platz zu machen. Die Jamsessions finden immer am letzten Sonntag im Monat statt. Dann teilen sich Berufsmusiker und Vollblut-Jazzer aus dem Publikum den Spaß.

← **Der Funfaktor im *Eschborn K?* Hoch!**

Die Opener-Kombo heizt jeweils eine gute Stunde lang ein, bevor sie Gäste auf der Bühne willkommen heißt. Das ist die Chance für alle, die sich mal selbst live versuchen wollen. Gespielt wird dann grundsätzlich alles, was sich auch im »Real Book«, der Standard-Fibel transkribierter Jazz-Kompositionen, findet. Dabei gilt: Wer auf der Bühne steht, muss spielen. Wer nicht spielt, macht Platz für jemand anderen. Um ein bisschen bei der Planung der Abende zu helfen, kannst du dich und deine Song-Wünsche im Vorfeld ankündigen – auf der Facebook-Seite zum Beispiel oder wenn du im K ankommst.

Natürlich gibts im K nicht nur Mitspielabende. Hier gastieren auch immer wieder Musiker, die etwa ihre neuen Alben vorstellen. Auf dem Programm stehen zudem regelmäßig Konzertreihen rund um Jazz und Weltmusik.

Die Ursprünge des K in Eschborn reichen zurück bis in die frühen 70er Jahre. Damals eröffnete hier das erste kommunale Kino Deutschlands. Über die Zeit hat das K viele Wandlungen durchgemacht, für die kreative Szene ist und bleibt es gerade deshalb ein echter Lieblingsort.

**5** **Eschborn K • Jahnstr. 3 (Innenhof), 65760 Eschborn • faszinationmusik.com**

# Modemekka Rhein-Main Fair und hochwertig

→ Chic und nachhaltig, dafür steht *Luvgreen*

**Kann es wirklich so schwer sein, die Themen Mode, Fairness, Stil und Qualität unter einen Hut zu bekommen,** sodass alles auch bezahlbar bleibt? Nein, ist es nicht. Beweis: Die regionale Modeszene! Ja, die gibt es! Und nein: Faire Mode hat nichts mit dem Ökoschick der 80er-Jahre zu tun.

In der Wiesbadener Boutique *Luvgreen* zum Beispiel findest du nicht nur eine wahnsinnig liebevoll kuratierte Auswahl an Labels, sondern erfährst bei Interesse im Gespräch mit den Mitarbeitern auch eine ganze Menge über Nachhaltigkeit im Modebereich. Biotextilien, vegane Verarbeitung, faire Bedingungen, damit kennt sich das Luvgreen aus. Und neben etlichen Labels aus Europa und Deutschland kommt hier eine ganze Menge aus Rhein-Main.

INSIDER-TIPP
**Alternativ und individuell**

Faire Mode gibt's auch auf der anderen Seite des Rheins, auch direkt beim Label selbst. Das 2012 gegründete Streetwear-Label *päfjes* zum Beispiel arbeitet ausschließlich mit Bio-Baumwolle und alternativen Materialien. Im Laden wimmelt es nur so von Inspiration und die kreativen Motive auf vielen der individuellen Kleidungsstücke sind von Hand gedruckt.

Liebe steckt auch hinter den Produkten, die es im Frankfurter *Oständ Store* unweit von EZB und Hafenpark zu kaufen gibt. In dem hübschen Laden bekommen kleine bis winzige regionale Labels eine Ausstellungsplattform geboten – neben Mode gibt's auch Kunst und Kreatives zum Verschenken.

**6** **Luvgreen • Saalgasse 14, 65183 Wiesbaden • luvgreen.de**

**7** **päfjes • Kaiser-Wilhelm-Ring 45, 55118 Mainz • paefjes.de**

**8** **Oständ Store • Sonnemannstr. 73, 60314 Frankfurt a. M. – ostaendstore.de**

# Streetart im Atelier
# Bei den Stars der Szene

→ **Wild und kunterbunt: Blick in Frankfurts Streetart-Schmiede, die *Naxoshalle***

**Für Fans von Streetart ist das Rhein-Main-Gebiet ein gigantisches Freiluftmuseum,** in dem quasi täglich neue Entdeckungen warten. Von gigantischen Murals über Tags, die sich in der ganzen Region wieder und wieder finden, bis zu winzigen Eddingmalereien und kunstvoll gestalteten Stickern auf den Straßen der Städte.

Ein Ort, an dem diese Art Kunstwerke erdacht werden, ist die Frankfurter *Naxoshalle*, eine Anfang des 20. Jahrhunderts erbaute ehemalige Fabrikhalle in Frankfurt Bornheim, wo früher Schleifmittel hergestellt wurden. Der Industriecharakter, der liegt noch immer in der Luft: Stahl und Steine prägen die Architektur, zum einzigen Dekoelement wird die heutige Nutzung: In einer Hälfte wird Theater gespielt (theaterwillypraml.de), in der anderen ist heute das auf Streetart spezialisierte Naxos-Atelier zu Hause.

Hier arbeiten namhafte Street Artists wie Case Maclaim und Justus Becker, die nicht nur die Frankfurter Street Art-Szene massiv mitgestalten, sondern auch die Naxoshalle selbst. Die Künstler und ihre Arbeiten, genau wie Kurse mit Schulklassen und Jugendgruppen, machen das bunte Bild perfekt, das du dir als Besucher mittwochs von 14 bis 19 Uhr kostenlos anschauen kannst.

Und auch in der Landeshauptstadt ist Street Art voll im Trend: Im Wiesbadener Kulturzentrum Schlachthof unweit des Hauptbahnhofs arbeitet seit den 90ern der Künstler *YORKAR*, der hier auch Kurse anbietet und dessen Kunst an etlichen Orten in Wiesbaden und Mainz zu sehen ist. Sein Atelier steht dir als Besucher jeden Dienstag zwischen 19 und 21 Uhr offen.

**9** **Naxoshalle • Waldschmidtstr. 8, 60316 Frankfurt a. M.**

**10** **YORKAR Atelier • Murnaustr. 1, 65189 Wiesbaden • yorkar.de**

# Die wollen nur spielen! Weltliteratur im Puppentheater

→ »Frisch, frech, fröhlich und frei« lautet das Motto im Puppen- und Menschentheater *Kikeriki*

**Im ungewöhnlichsten Theater der Region** sind die Stars aus Styropor und bunten Farben und die schwarz gekleideten Schauspieler, die den Puppen Stimmen und Charakter leihen, geben gern ein Stück vom Rampenlicht ab. Dabei wird Hessisch gebabbelt was das Zeug hält, ein wenig klamaukt und vor allem so gut wie alles auf die Bühne gebracht – überarbeitete Märchen und Epen, Hommagen an Filmklassiker und Stücke der Weltliteratur. Von wegen »Puppentheater ist nur was für Kinder!«

Sich selbst versteht das *Kikeriki Theater* als Volkstheater mit Haut und Haaren, als Ort, an dem man einfach mal lachen, fröhlich sein und den Alltag vergessen darf. Dazu gibt's auch Essen und Getränke am Tisch für die Zuschauer. Die Stücke, die in der ehemaligen Bessunger Sporthalle fast jeden Abend des Jahres über die Bühne gehen, sind von den Theatermachern selbst geschrieben und überarbeitet, die Puppen nebst Kostümen selbst gebaut und geschneidert, Songs selbst komponiert. Kurz: Wenn du erfahren willst, was wenige Menschen aus Kreativität entstehen lassen können, bist du hier richtig. Und die Erkenntnis lautet: Durch Inspiration ist alles möglich.

INSIDER-TIPP
»Faust« im Volkstheater

Zum Repertoire, mit dem das Theater auch regelmäßig in und um Süd- und Mittelhessen tourt, gehören Liebeserklärungen an Grimmsche Märchen, die Nibelungensage, Filmklassiker wie Friedrich Wilhelm Murnaus »Nosferatu« und fürs Volkstheater eigentlich nahezu unantastbare Stoffe wie Goethes »Faust«. Dass das *Kikeriki Theater* davor Ehrfurcht, aber keine Angst hat, das würdigt auch die immer größer werdende Gruppe eingefleischter Fans, die gern wiederkommen. Und was ist mit dir?

**11** **Kikeriki Theater in der Comedy Hall • Heidelberger Str. 131, 64285 Darmstadt • comedyhall.de**

# Inspiration tanken

## Vom Homeoffice in den Dschungel

**Ein bisschen fühlt es sich an wie draußen zu arbeiten,** wenn du dein Laptop auf einem der Tische des Cafés am Rand der neuen Altstadt aufklappst und dich ins kostenlose WLAN einloggst. Unter dem Meer von Farnen, Efeu- und Hängepflanzen, das die ganze Decke bedeckt und *Das Herz von Frankfurt* gefühlt in einen Dschungel verwandelt, geht es dann zurück in den Arbeitsmodus. Draußen tummeln sich Spaziergänger in der Sonne, ab und an fährt bimmelnd die Trambahn vorbei, aber Ablenkung, die hätte man im Großraumbüro ja auch. Der Kaffee hier im *Das Herz von Frankfurt* ist ohne Frage besser, und das viele Grün sorgt dafür, dass mit vielen neuen Impulsen frische Kreativität erwacht.

**← Fulminanter Tapetenwechsel: vom Home Office ins *Herz von Frankfurt***

Dass der kreative Funke überspringt, dafür kann aber auch ein Abstecher in einen Co-Working-Space sorgen. Im Wiesbadener *Heimathafen* zum Beispiel liegt die Kreativität förmlich in der Luft, schließlich nutzen viele junge Unternehmen, Freiberufler und Start-ups die Räume hier als Büros, du kommst schnell mit anderen ins Gespräch und auf neue Ideen. Hilfreich und inspirierend können auch die regelmäßigen Networking-Events wie das Gründerfrühstück sowie diverse Talks und Workshops rund um den Feierabend sein.

**12** **Das Herz von Frankfurt • Braubachstr. 31, 60311 Frankfurt a. M. • dasherzvonfrankfurt.de**

**13** **Heimathafen • Karlstr. 22, 65185 Wiesbaden • heimathafen-wiesbaden.de**

MONTEZ

# Kunst und viel mehr

## Bei Familie Montez ist alles möglich

**Ein bisschen Bar, ein bisschen Club, ein bisschen Galerie und eine ganze Menge Inspirationsort,** der *Kunstverein Familie Montez* unter der Honsellbrücke ist ein bisschen Alles und Nichts. Was der Ort garantiert ist: ein Raum für kreativen Austausch und um einfach nur entspannte Stunden zu verbringen.

**← Im Kunstverein ist ziemlich viel drin – Kreativität, Entspannung, Party …**

Zwischen dir und der Voraussehbarkeit deines Abends stehen mehrere Ja-oder-Nein-Entscheidungen. Allein oder in der Gruppe herkommen? Draußen oder drinnen sitzen? Eine Veranstaltung besuchen? Am Platz sitzenbleiben und den Abend verquatschen oder auf die Suche nach Kreativem gehen? Alles Faktoren, die dir allein überlassen bleiben und die zeigen, wie bunt ist, was der Kunstverein hier veranstaltet.

Manchmal wird im Hauptraum für Lesungen, Performances oder Konzerte eine kleine Bühne aufgebaut, samstagnachmittags trifft sich eine feste Malgruppe internationaler Künstler und lässt sich von Besuchern über die Schultern schauen. Im Sommer wird der Platz vor der Location zur entspannten Strandbar mit bestem Ausblick auf Main und Osthafen. Mal präsentieren Kunststudenten oder Nachwuchskünstler ihre Werke an den Wänden der Galerieräume, mal sind Stars wie die Fotografin Annie Leibovitz hier mit ausgewählten Werken zu Gast.

Und dann wieder wird unterm Gewölbe, an dessen Wänden alles vollhängt mit Kunstwerken, Yoga gemacht oder ein Flohmarkt aufgebaut. Der Kunstverein lässt alles offen. Und das ist genau der Reiz, der ihn ausmacht.

**14 Kunstverein Familie Montez • Honsellstr. 7, 60314 Frankfurt a. M. • kvfm.de**

# Flimmern vor der Haube Blockbuster und Kino-Klassiker

→ **Ticket zeigen, vorfahren, Film schauen**

**Das mit dem Licht, das langsam gedämmt wird,** ist bei diesem Kinoerlebnis so eine Sache, denn wie bei jeder guten Outdoor-Aktivität bestimmt ganz allein die Sonne die Lichtverhältnisse. Die Lage im Wald sorgt aber selbst an Sommerabenden für Schatten und auch ehe es so richtig dunkel wird, ist auf den beiden Leinwänden des *DRIVE IN-A*utokinos im Neu-Isenburger Stadtteil Gravenbruch alles ohne Probleme zu erkennen.

Bevor's losgeht mit dem Film wird brav in der Reihe zur Ticketkontrolle gewartet, ein wenig wie im Stadtstau, nur ohne das viele Gehupe, dann geht's zu den Platzanweisern, die über Funk das große Gelände im Blick haben. Die Kleinwagen nach vorn, SUVs nach hinten, ein bisschen wie für's Klassenfoto – wegen der Optik sind die ersten beiden Reihen oft für gemütlich ratternde Oldtimer reserviert. Ist die Parkposition – mit leicht erhöhter Schnauze – erreicht, stören weder Motorengeräusche noch Licht und nach einem kurzen Abstecher ins Bistro im Diner-Stil, wo Popcorn, Knabbereien und Getränke gekauft werden können, kann's auch schon losgehen mit dem gemütlichen Filmabend. Der Ton kommt übrigens aus dem Autoradio, an kälteren Abenden kann für den Kinokomfort ein Heizlüfter gemietet werden.

Gespielt werden neben aktuellen Blockbustern auch immer wieder Klassiker: Alten Streifen wie »Kill Bill«, den »Blues Brothers« und Filmen der »James Bond«-Reihe oder Hitchcocks »Die Vögel« bietet das Autokino das perfekte Setting. Schließlich ist es selbst ein Klassiker: Als es im März 1960 öffnete, war es das erste Autokino Deutschlands und das zweite Europas.

**15** **DRIVE IN Autokino Gravenbruch • 63263 Neu-Isenburg • autokinogravenbruch.de**

DRIVE IN
Autokino Gravenbruch
KINO 1
EINTRITTSKARTE

# Rätseln auf der Spur

# Die Stadt als Spielbrett

→ **Ganz schön rätselhaft! Der ParaPoly-Spielplan**

**Die Schnitzeljagd beginnt mit einer E-Mail.** »Deine Aufnahmeprüfung hat begonnen«, sagt eine tiefe Stimme mit hallenden Soundeffekten in deinem Kopf, als du die Betreffzeile liest und dabei prüfend die sandfarbene Karte mit mysteriösen Symbolen betrachtest. Die Prüfung zu schaffen, das ist dein Ziel für die nächsten paar Stunden. Bei der Suche nach versteckten Hinweisen die Frankfurt Stadtgeschichte besser kennenzulernen ein positiver Nebeneffekt. Also nimmst du die Herausforderung an – ist doch Ehrensache.

Um die erste Station und damit den Start der Tour zu finden, musst du das erste Rätsel lösen. Was wir verraten können: Die Karte zum Abenteuer kannst du dir an einem Kiosk in der Nähe des Parkhauses Hauptwache abholen. Wo genau, das erfährst du bei der Buchung des Abenteuerspiels von *ParaPoly*, das die verrückte Idee umgesetzt hat, die Stadt zum gigantischen Escape-Room zu machen, dem – wie es im Spiel heißt – größten Spielbrett der Welt. Dein Ziel ist es, aufgenommen zu werden in den Orden der Befreiten, was hinter dem Geheimorden steckt, erfährst du im Verlauf des Spiels.

Das funktioniert so, dass du zunächst deine Teilnahme buchst und per Klick auf einen Link die Mission startest, für die du dann bis zu 48 Stunden Zeit hast. Aber keine Sorge: Zu schaffen ist sie locker in zwei bis drei Stunden. Du loggst dich auf einer digitalen Spielplattform ein, erhältst immer wieder per Nachricht neue Hinweise und löst die Rätsel auf der Abenteuerkarte, die du dir am Anfang abgeholt hast. Auch wenn das meiste digital funktioniert: Stift und Schere solltest du trotzdem einpacken.

**16** **Startpunkt in der Nähe des Parkhauses Hauptwache • Kornmarkt, 60311 Frankfurt a. M. • parapolyfrankfurt.de**

STARTST
GO
1ST
2ST
12ST
11ST
10ST
I=1
V=5
C=100
D=500
M=1000

Am 22.2.2020

# Wissenschaft für alle
# Darmstädter Science Slams

← Science-Slammer at work

**Vielleicht gehörst du zu den Leuten, die Wissenschaft spannend finden,** in Physik den großen Durchblick haben und vielleicht sogar eine Menge Geld damit verdienen. Dann findest du die Science Slams, die regelmäßig kreative Wissenschaftler auf die Bühne der Darmstädter Centralstation locken, vielleicht amüsant und stellenweise sogar ein bisschen lehrreich. Vielleicht hast du es aber auch im Chemieunterricht nie geschafft, länger als fünf Minuten aufmerksam zu bleiben, und fandest Wissenschaft bislang einfach nur öde. Dann ist der *Science Slam Darmstadt* eine echte kleine Offenbarung. Versprochen!

Die Vortragenden, die hier wie Poetry Slammer zehn Minuten Zeit haben, um Wissenschaftsthemen aufzubereiten, kommen aus den verschiedensten Themenbereichen, vor allem aus Naturwissenschaften. Biochemie, Paläontologie, Zellbiologie oder Astrophysik zum Beispiel werden hier unterhaltsam aufbereitet und verständlich erklärt, und zwar so, dass man vielleicht sogar Lust bekommt, nach dem Abend noch mehr über Dinosaurier, Raketenstarts oder Moleküle zu lesen.

Das 1997 zur Wissenschaftsstadt ernannte Darmstadt bezeichnen die Macher der Veranstaltung auch als »Hirnstadt«, schließlich gibt es hier nicht nur renommierte Hochschulausbildung, sondern auch einen Standort der europäischen Raumfahrtorganisation ESA und etliche innovative namhafte Unternehmen, allen voran den Chemieriesen Merck, der den Science Slam als Sponsor unterstützt. Und à propos Innovation: Der Science Slam selbst ist eine echt Darmstädter Erfindung. Der Initiator Alex Dreppec organisiert und moderiert die Slams seit über zehn Jahren selbst.

**17** **Science Slam Darmstadt • Im Carree 1 (Saal der Centralstation), 64283 Darmstadt • scienceslam-darmstadt.de**

# Aus alt mach Wow!
# Kreatives Upcycling

← Aussortiertes neu genutzt – ein echter Hingucker!

**Manchmal, da braucht es einfach nur die richtigen kreativen Impulse** und die Idee lag quasi schon immer auf der Hand. Einfach so! Dass man aus alten Skateboards Möbel oder Schmuck machen kann zum Beispiel oder mit Stahl- und Holzresten Einrichtungs- und Dekogegenstände hinbekommt wie vom Designer.

Das gute alte Palettensofa hat vorgemacht, wie Notlösungen zum Renner werden können. Dass also etwas, das aus der Not heraus umfunktioniert wurde oder Dinge, die man aus Übriggebliebenem selbst hergestellt hat, zur Mode werden. Nimm den Trend des nachhaltigen Denkens dazu und du erkennst: Was Susanne Wagenbach und ihr Team auf die Beine stellen, ist quasi Zeitgeist im Quadrat.

Das *Klotz&Quer* ist Werkstatt, Upcycling-Laden, Ort für Kurse und Workshops und Co-Working-Space in einem, ein kreatives Epizentrum unweit des Mainzer Hauptbahnhofs. Im Laden findest du ausgefallene Geschenke und Einrichtungsstücke, richtig spannend wird's aber erst, wenn du selbst kreativ wirst und anpackst. Wenn du mit einem eigenen Projekt einfach die Profi-Werkzeuge hier nutzen möchtest, kannst du dich zur regelmäßigen offenen Werkstatt dazugesellen und mit anderen geübten Heimwerkern ins Gespräch kommen.

INSIDER-TIPP
Macher-Stammtisch

Wenn du aber Anleitung, Materialien und kreative Impulse brauchst, melde dich zu einem der Upcycling-Kurse an, in denen die begeisterte Gründerin den Teilnehmern innovative Ideen entlockt, wie sie Dinge wieder verwertbar und zum echten Hingucker machen können. Besondere Vorkenntnisse dazu brauchst du nicht, die Techniken und Werkzeuge werden hier alle geduldig und individuell erklärt.

**18** **Klotz&Quer • Werkstatt: Kaiser-Wilhelm-Ring 78 (Hinterhof), 55118 Mainz • Laden: Kurfürstenstraße 7, 55118 Mainz • facebook.com/klotzundquer**

# Vor bombastischer Kulisse Ein Abend Hochkultur

→ **Ein Blick reicht und du weißt, warum dieses Haus mal als »Neues königliches Hoftheater« gebaut wurde**

**Wetten, du schaffst es nicht,** das Foyer des Wiesbadener Staatstheaters zu durchqueren und den Großen Saal zu betreten, ohne dass dir unterwegs zu deinem Platz vor lauter Staunen zumindest ein winzig kleines bisschen der Mund offensteht? Dass das Theater nicht nur zu den schönsten in Hessen, sondern auch des ganzen Landes gehört, ist keine Frage, und dass es schon einiges hinter sich hat – von Bühnenbränden bis zu Bombentreffern – sieht man dem Prachtbau heute weder von außen noch von innen an.

Aber ja, wir sind heute Abend nicht wegen der Architektur hier, sondern wegen der großen Kunst auf der Bühne. Zur Auswahl stehen Schauspiel, Oper, Operette, Musicals und modernes Ballett. Spielplan und Stil der Inszenierungen sind ausgesprochen vielseitig, und gerade wer ganz bestimmte Erwartungen an seinen Theaterabend hat, ist gut beraten, sich vor der Buchung der Tickets ein wenig über die jeweilige Inszenierung zu informieren.

INSIDER-TIPP **Zum Kostümverkauf**

Aufbrezeln ist hier im Gegensatz zu anderen Opernhäusern übrigens eher Kann als Muss, sodass vor allem die Kostüme auf der Bühne echte Hingucker sind. Einige davon kannst du jedes Jahr kurz vor Fasching beim legendären Fundusverkauf erwerben. Ob sie sich für den nächsten Theaterbesuch als Outfit eignen? Deine Entscheidung!

Das Staunen über die vielen Details im großen Saal wird unterbrochen von den Orchestermusikern, die jetzt angefangen haben, ihre Instrumente zu stimmen. Der Vorhang zuckt schon ein wenig. Ob du nun wegen Wagners »Ring« hier bist oder eher leichtere Kost erwartest: Es ist Zeit, dich im Plüschstuhl zurückzulehnen. Und dann Pssssst!

**19** **Hessisches Staatstheater Wiesbaden • Christian-Zais-Str. 3, 65189 Wiesbaden • staatstheater-wiesbaden.de**

Und: Action! Auf dem Wasser, zu Lande oder in der Luft. Ob kleine Mutprobe, sportliche Spitzenleistung oder einfach mal aufs Spaßpedal treten: Tob dich aus, sei wild, und zeig, was in dir steckt!

# Die wilde Seite

Gas geben und Spaß haben von sportlich bis mutig

# Schwimmwesten an! Im Kanu auf Lahn und Kinzig

→ **Quirlig und still – auf Lahn und Kinzig gehört beides dazu**

**Für jeden, der noch nie in einem Kanu oder Kajak gesessen hat, mag es ganz einfach aussehen,** wie Andere – und rechts, und links, und rechts, und links – paddelnd übers Wasser gleiten. Tatsächlich braucht es ein wenig Gewöhnung, bevor man aufhört, stetig Schleifen zu ziehen und endlich vorankommt. Wenn es soweit ist, könnte der Spaß nicht größer sein.

Nun sind die beiden Flüsse Lahn und Kinzig, auf denen man in der Region ins Bootabenteuer aufbrechen kann, keine reißenden Ströme und Wildwasser schon gar nicht, rasant wird es zuweilen trotzdem, gerade wenn auf der Lahn die Bootsrutschen zu passieren sind, mithilfe derer mancherorts Höhenunterschiede überwunden werden. Und vor allem kommst du nirgends so nah ran an die Natur rechts und links der Flüsse, wo seltene Tiere und Pflanzen zuweilen für Urwaldfeeling sorgen.

Wer ein Boot leihen möchte, besteigt am besten in Hanau, Gießen oder Weilburg den schwimmenden Untersatz, nachdem er sich Sicherheitshinweise, Schwimmweste und Paddel hat geben lassen und so eigentlich schon alles hat, was fürs Abenteuer nötig ist – für ein paar Stunden oder sogar für spannende Mehrtagestouren mit organisierten Übernachtungen. Einzigartig wird's auf der Lahn vor allem direkt am Einstieg in Weilburg. Hier führt der längste und letzte noch heute befahrbare Schifffahrtstunnel über 200 m Länge mitten durch einen Berg – unvergesslich!

1. **Aquafun Bootsverleih • Philippsruher Allee, An der Kinzigmündung, 63450 Hanau • aquafun.de**

2. **Kanutours Gießen • Uferweg 8, 35398 Gießen • kanutours-giessen.com**

3. **Kanu-Basis Weilburg • Ahäuserweg 4, 35781 Weilburg • kanu-basis.com**

Leonardo
Royal

# Die Wand runtergehen Beim Hous-running an der Hochhausfassade

**Wer auf dem Goetheturm gerne schon mal weiche Knie bekommt,** der sollte um den westlichen Sachsenhäuser Berg auf Höhe Südfriedhof an manchen Tagen besser einen Bogen machen. Denn selbst wer nur von unten beobachtet, wie Wagemutige beim House Running die Fassade des 25 Stockwerke und 100 m hohen *Leonardo Royal Hotels* zu einer Art Abenteuerspielplatz machen, kann schon mal ein wenig nervös werden.

← Da gehts runter – an der Fassade des *Leonardo Royal*

Auch wenn mehrfache Sicherungen die mutigen Teilnehmer schützen, kostet es doch Überwindung, sich plötzlich in die Vertikale zu begeben und mal eben so über die Hausfassade zu spazieren. Die Strategie »bloß nicht runtergucken« funktioniert hier nicht!

Dadurch, dass das Hotel hier oben aber quasi »Top of the City« ist, einer der höchsten Punkte der Stadt, hast du kaum von irgendwo sonst eine so gute Aussicht auf Stadt und Taunus. Die Hochhäuser der City stehen in gebührendem Abstand, sodass die Skyline wie gemalt vor dir liegt, der Main davor funkelt und glitzert im Sonnenlicht und Autos und Fußgänger wirken wie Ameisen. Der ganze Mut hat sich ohne Frage gelohnt und wird auf Wunsch auch auf Video festgehalten.

INSIDER-TIPP
Bitte recht freundlich!

Je näher beim Abseilen von ganz oben der Boden kommt, desto mehr Mut kehrt plötzlich in den Helden zurück, der bald wieder festen Boden unter den Füßen hat und um eine Erfahrung reicher ist: dass die Dinge, die Überwindung kosten, am Ende zu den besten Erinnerungen deines Lebens gehören.

**4 House Running am Leonardo Royal Hotel • Mailänder Str. 1, 60598 Frankfurt a. M. • house-running.de**

# Helm nicht vergessen! Im Taunus geht's rasant bergab

**Wenn das Laub unter den Reifen raschelt,** am Boden liegende Stöckchen mit einem Knack zerbrechen und Steinchen raschelnd zur Seite fliegen, hast du in Sachen Radauswahl alles richtig gemacht. Wer hier oben auf dem Großen Feldberg dem Taunus den Buckel runterrutschen will, sollte auf einem guten Mountainbike sitzen und den dazu passenden Helm aufhaben.

← **Am Taunusrand mit Power durchs Gelände**

Die Abfahrten des *Bikepark Großer Feldberg* starten unweit des Brunhildisfelsen, der kleinen Quarzitformation, an der der Sage nach schon die Nibelungenhelden Siegfried und Brünhild die Aussicht genossen haben. Bevor es wieder bergab geht, solltest du es ihnen unbedingt gleichtun, schließlich reicht der Panoramablick bei gutem Wetter bis zu Pfälzerwald, Spessart und Eifel.

Aber nur zum Sightseeing bist du nicht hier hochgeradelt. Drum geht's jetzt auf eine der beiden Abfahrten, die passionierte Biker als erste legale Mountainbike-Strecken des Taunus angelegt haben. Abfahrt 1 – die im Osten des Felsens – führt über 1,5 km 160 Höhenmeter downhill Richtung Oberreifenberg, Abfahrt 2 startet westlich und führt parallel zum selben Ziel. Beide Strecken sollten nur von geübten Fahrern befahren werden.

Da fehlt dir noch ein wenig Übung? Dann gönn dir und deinem Mountainbike einen Kurs bei der *Bikeschule Rock My Trail*, die in Oberursel regelmäßig für viele Schwierigkeitsgrade und sogar speziell für E-Mountainbikes angeboten werden. In Frühling, Sommer, Herbst, und Winter geht's dann am Taunusrand durchs Gelände und du darfst unter den Augen geschulter Profis üben, bis du dich sicher fühlst.

INSIDER-TIPP
**Mit Motor im Gelände**

**5** **Bikepark Großer Feldberg • Einstieg am Brunhildisfelsen, 61389 Schmitten**

**6** **Bikeschule Rock My Trail • Kurse in Oberursel (Taunus) • Anmeldung online: rockmytrail.de**

# Abschlag im Dunkeln

## Beim Schwarzlicht-minigolf

→ **Beim Putten Künstler am Ball, gleichzeitig Teil des Gesamtkunstwerks**

**Mit der bunten Welt, die hinter dem schweren Vorhang wartet,** hätte man beim Minigolf-Date nun wirklich nicht gerechnet. Superhelden und Monster ragen im Schwarzlicht aus den Wänden, als würden sie gleich lebendig werden, die Bahnen und Hindernisse stechen grell aus dem Dunkel heraus und die 3D-Brille macht die Effekte noch ein Stückchen lebendiger – und das Spiel eine ganze Ecke schwieriger. Sie sorgt dafür, dass der Ball über den Bahnen zu schweben scheint. Ob du mit Brille oder ohne spielst: Die ersten Abschläge, die du als Kind im Kurpark gemacht hast, sind schnell vergessen und Minigolf wird zur In-Sportart.

INSIDER-TIPP
**Flipper für Riesen**

Wer am Empfang Bälle, Schläger und Brillen für seine Gruppe eingesammelt hat, kann nach bewährten Regeln mit den 18 Bahnen loslegen, die über mehrere Räume verteilt sind. Die Anzahl der Versuche pro Bahn, den ebenfalls im Schwarzlicht leuchtenden Ball ins Loch zu befördern, ist limitiert. Hindernisse, Rampen, Loopings und an einer Station in Frankfurt sogar die eigenen Mitspieler versuchen, das auf kreative Weise zu erschweren, sodass am Ende auch das Glück darüber mitentscheidet, wer mit den wenigsten Versuchen als Sieger aus der Partie geht.

Die Kunstwerke an den knapp 500 m² Wandfläche pro Standort wurden von einer Gruppe Graffiti-Künstler handgesprüht, und die Farben so angeordnet, dass die beeindruckenden 3D-Effekte entstehen. Die dunklen Töne sowie Weiß bilden die Basis, als oberste Schicht springen grelles Orange und Pink förmlich aus der Wand heraus. 65 Schwarzlichtlampen in Frankfurt und sogar 128 in Mainz rücken alles ins passende Licht.

**7** **Schwarzlichthelden Frankfurt • Berger Str. 138, 60385 Frankfurt a. M. • schwarzlichthelden.de**

**8** **Schwarzlichthelden Mainz • Holzstr. 24, 55116 Mainz • schwarzlichthelden.de**

# Die Stadt erklettern
## Beim Buildering in Mainz und Wiesbaden

**→ Wichtig beim Buildering: natürlich die Sicherheit, aber auch eine legale Location!**

**Buildering?** Wer die Berge nicht vor der Haustür hat, muss sich seine Herausforderungen eben woanders suchen. In Wiesbaden und Mainz gibt es deshalb nicht nur etliche Kletter- und Boulderhallen, sondern auch eine sehr aktive Kletterszene an Gebäuden, Wänden und Brücken – und was die tun, nennt man »Buildering«. Dafür braucht's nur eine mobile Bouldermatte, ein sogenanntes Crashpad, Kletterschuhe und im Bestfall einige Freunde als Begleitung für den Spaß- und Sicherheitsfaktor. Und dann kann es auch schon losgehen.

Für den perfekten Kletterspot machst du dich entweder – zum Beispiel entlang des Rheins – selbst auf die Suche nach anderen Kletterern, oder du vertraust dich einem Profi an. Tim Jacobs ist seit über zehn Jahren an Mainzer und Wiesbadener Gebäuden unterwegs, weiß was legal und sicher für Kletterer und Passanten ist, und worauf du bei der Auswahl des Kletterspots achten musst. Viele Informationen und Tipps zu geeigneten Orten hat er auf der Website buildering-spots.de und unter dem Titel »Builderingführer Mainz/Wiesbaden« als Buch veröffentlicht.

Wenn du erstmal drin bist in der Wand, Sandstein unter den Fingern und durch die dünnen Gummisohlen der Kletterschuhe spürst, lässt sich glatt vergessen, dass du mitten in der Stadt unterwegs bist. Dass die Alpen so weit weg sind, ist dann – zumindest für diesen Sommerabend – erstmal egal.

**9 Steinwand beim Eisgrub-Bräu • Weißliliengasse 1a, 55116 Mainz**

**10 Eisenbahnbrücke Gustavsburg • in der Nähe der Mainspitze, 65462 Ginsheim-Gustavsburg**

**11 Theodor-Heuss-Brücke • am Rheinufer Mainz-Kastel, 55252 Wiesbaden**

VALOJUMP

# Hüpfend hoch hinaus
## Im Trampolinpark den Salto üben

**Wenn du auf dem Trampolin** erstmal in Schwung geraten bist und unangestregt – so sieht's jedenfalls aus – wieder und wieder in die Luft wirbelst, stellt sich ein wohliges Gefühl im Bauch ein und die Knie werden weich. Ein bisschen so muss sich Fliegen anfühlen, oder zumindest als Känguru durchs Outback zu hüpfen.

**← Sieht gar nicht so anstrengend aus, beansprucht aber rund 400 Muskeln!**

Was die Betreiber der Dietzenbacher Trampolinhalle auf die Beine gestellt haben, sollte ursprünglich vor allem ein Indoor-Spielplatz für Kinder werden. Als die Chance kam, eine ehemalige Tennishalle mit Gastronomie umzubauen, wurde daraus ein Abenteuerort für jung und alt. Für kleinere Kinder gibt es einen gigantischen Spielbereich im hinteren Teil der Halle, mit sechs Jahren dürfen sie in die große Arena und fasziniert dabei zusehen, wie ganz ambitionierte Springer Saltos und Flic Flacs üben. Sobald die Bahn frei ist und die Füße in speziellen Trampolinsocken stecken wird dann selbst gehüpft und gewirbelt. In einer Viertelstunde Trampolinspringen – heißt es – trainiert man etwa so intensiv wie in einer halben Stunde Fitnessstudio. Du glaubst das nicht so recht? Blick den Profis mal in die verschwitzten Gesichter, und dieser Zweifel ist sofort perdu.

Ein besonderes Abenteuer bieten die zwei Sprungbereiche, wo du entweder vom Trampolin oder einer 3 m hohen Plattform in ein Sprungkissen oder Schaumstoff-Schnipsel springst und dabei schon ein bisschen den Kopf austricksen musst. Spaßfaktor ganz ohne Höhenangst, das gibt's beim Hightech-System Valojump, wo du als Einzelspieler oder gegen einen Freund als Jump n' Run-Held antreten und um Punkte kämpfen kannst. Mega spaßig – aber auch richtig anstrengend!

INSIDER-TIPP
**Werde Actionheld!**

**12 360jump Trampolinpark • Karl-Benz-Str 5., 63128 Dietzenbach • 360jump.de**

# Ganz weit oben Über Offenbachs Baumwipfel kraxeln

→ **Am Seil durch die Lüfte sausen gehört zum Spaß dazu**

**So weit oben, fast mittendrin im Blätterwald der Bäume,** mit Holzbrettern und Seilen unter den Füßen, können dir wenige Meter ganz schön lang vorkommen. Ein bisschen schneller klopft das Herz, bis du die nächste Plattform erreichst und wieder sicheren Boden unter den Füßen hast. Aber selbstverständlich ist der Aufenthalt im Kletterwald des Abenteuerparks Fun Forest in keinem Moment unsicher – die Betreiber wissen schließlich genau, wie sie ihre Gäste gesund über Hängebrücken und Parcours bugsieren und per Seilrutsche wieder zurück auf den festen Boden bekommen. Dabei kommt ein besonderes Sicherheitssystem mit Stahlseilen zum Einsatz, in dem die Kunden ständig über zwei Karabinerhaken gesichert sind und sich auch nicht versehentlich aushängen können.

Mitten in der Stadt – unweit vom Offenbacher Stadion am Bieberer Berg – führt ein schmaler Weg in ein Waldstück, wo von Frühjahr bis Herbst das Abenteuer wartet. Du legst Klettergurt und Helm an, dann geht's erstmal zur Sicherheitseinweisung, wo die Regeln und Vorgehensweisen erklärt werden und Zeit für Fragen ist. Du entscheidest dich für einen der 15 Parcours, und auf dem bist du dann drei bis vier Stunden unterwegs. Zwei der Routen sind speziell für Kinder zwischen drei und sechs Jahren angelegt, die anderen 13 bieten je nach Fitnesslevel und Mut echte Herausforderungen und eine Kletterhöhe von bis zu 15 m. Also bloß nicht nach unten schauen!

INSIDER-TIPP **Klettern im Dunkeln**

Du liebst die besondere Herausforderung? In den Sommermonaten klettern die Teilnehmer beim regelmäßigen Nachtklettern im Schein von Stirnlampen. Dann ist der Abenteuerpark bis 24 Uhr geöffnet.

**13 Fun Forest • Bieberer Str. 276a, 63071 Offenbach • offenbach.funforest.de**

# Rutschen im Dunkeln

# Abends in der Rhein-Main-Therme

→ **Beim Auftauchen ist alles vorbei – aber du kannst ja noch mal rauf auf die Startplattform**

**Nach dem Sprung von der Startplattform** geht's erstmal ganz schön rasant bergab. Rechtskurve, Linkskurve, noch ein bisschen steiler der spritzigen Landung im Becken entgegen – und dann wieder alles von vorn. Wenn du dich auf den Spaß der beiden 150 m langen Rutschen einlässt, die in der Hofheimer *Rhein-Main-Therme* zu den Hauptattraktionen gehören, kann dir schon mal ein kleines Jauchzen entfleuchen, weil du für einen kurzen Moment vergisst, dass du ja streng genommen kein Kind mehr bist.

Für Erwachsene, die den Rutschspaß einigermaßen ungestört erleben möchten, empfiehlt sich ein Besuch des Thermalbads in den Abendstunden. Dann ist die Schlange vor der Doppelrutsche nicht nur deutlich kürzer, und Erwachsene sind im Bad eher unter sich. Die Dunkelheit steigert übrigens den Spaßfaktor in der Röhre – du schlidderst gefühlt noch ein klitzekleines bisschen wilder steil in Richtung der Landezone im Becken hinunter, wo die Augen sich bei spritzendem Wasser erstmal wieder an die Helligkeit gewöhnen müssen.

Gemütlich wird der Abend – unten angekommen – dann noch von ganz allein. Zum 15.000 $m^2$ großen Bad gehören neben den beiden Spaßrutschen mehrere Erlebnis- und Sportbecken und Strömungskanäle. Zur Ruhe kommst du im Whirlpool oder in der großen Saunalandschaft mit erfrischendem Kaltwasserbecken im Außenbereich. So beginnt und endet der Abend mit einer kleinen Mutprobe. Alle Möglichkeiten ausgeschöpft!

**14** **Rhein-Main-Therme • Niederhofheimer Str. 67, 65719 Hofheim • rhein-main-therme.de**

# Gib Gas! Mit dem Wakeboard übers Wasser flitzen

← Wakeboarden bei *Wakeport*, anschließend zum Beach

**Ein bisschen fühlt es sich so an, als zöge dir jemand den Boden unter den Füßen weg,** wenn die Zugmechanik am Stahlseil leise summend anfährt und das Wakeboard in Bewegung setzt. Rutschige Angelegenheit, deren Bewältigung leichter fällt, wenn du Snowboarder bist. Aber auch ohne große Praxis dauert es nicht die komplette halbe Stunde Anfängerkurs, bis du dich auf dem Board auf den Beinen halten und vorsichtig um die Kurve navigieren kannst. Die Rampen und Hindernisse, die wollen wir aber für den Anfang erstmal noch den Profis überlassen.

Beliebt ist die Wakeboard-Anlage *Wakeport* am Raunheimer Waldsee vor allem wegen der individuellen Möglichkeiten, die sie bietet. Beide Bahnen werden von je einem Mitarbeiter individuell gesteuert, der also die Geschwindigkeit je nach Können der Sportler und Sportlerinnen einstellen kann. Langsamer um die Kurve und auf der geraden Strecke ein bisschen mehr Fahrt aufzunehmen ist im Anfängerkurs also überhaupt kein Problem. Und wenn du mal ins Wasser platschst, geht's – einmal kurz nach dem Griff geangelt – gleich wieder weiter. Praktisch an der Lage direkt am Waldsee ist auch, dass der Strandtag nach der Sporteinlage dann problemlos direkt weitergehen kann.

Wer schneller unterwegs sein mag, braucht auf dem Rhein entweder den Bootsführerschein oder muss den Wasserchauffeur gleich mitmieten. Beim Bootsverleih *Hai-Charter* am Schiersteiner Hafen gibt's von der Yacht bis zum Jetski alles auszuleihen, und auch hier kann, wer sein eigenes Wakeboard mitbringt, sich einfach zum Training ans Motorboot hintendran hängen.

**15** **Wakeport Rhein-Main • Aschaffenburger Str. 1, 65479 Raunheim • wakeport.de**

**16** **Hai-Charter • Hafenweg 7, 65201 Wiesbaden • hai-charter.de**

# Rutschen für Mutige
# Mit über 40 Sachen an der Zipline

**Es gibt diese Mutproben, für die es sich lohnen kann, auch mal ein Stück weiter zu fahren,** rein in den Wald – und damit quasi auch gleich rein ins Abenteuer. Unweit von Hanau, vor den Toren von Spessart und Vogelsberg, liegt mit der *Europaseilbahn Mega Flying Fox* eine der coolsten Ziplines des Landes. 800 m lang und knapp 20 m über dem Waldboden des Kletterwalds.

Wenn du denkst, dass du dich hier nur schnell einhängen musst und das Abenteuer dann direkt losgeht, liegst du aber daneben. Denn wer rasant die Zipline runtersausen will, muss schließlich erstmal rauf und sich den Ausblick verdienen. Sichergeschirr gut festgeschnallt? Dann kann's ja jetzt losgehen! Auf das Startpodest geht's gut gesichert aber etwas wacklig über eine Strickleiter. Oben angekommen, wartet ein Mitarbeiter, der dich mit mehreren Karabinerhaken in die Zipline einhängt. Jetzt nur nicht runterschauen, nicht dass du es dir auf der 18 m hohen Plattform am Ende noch anders überlegst. Wobei: Runter musst du so oder so, dann doch lieber auf die spaßige Variante, oder? Also kurz Anlauf genommen und fallen gelassen. War doch gar nicht so schwer!

Nach der Zwischenlandung auf dem ersten Landepodest ist nochmal eine kurze Klettereinlage dran: Der nächste Start ist auf 20 m Höhe und bietet noch spannendere Einblicke ins Kinzigtal. Jetzt heißt's Aussicht genießen und volle Geschwindigkeit erreichen. Über 40 km/h solltest du hier locker schaffen. Über eine dritte Seilrutsche geht's dann wieder auf festen Boden zurück. Wer hätte gedacht, dass 800 m so kurz sein können?

**← Spaß- und Erlebnisfaktor sind hoch beim langen Flug über die Sonnenwiese. Die tolle Aussicht gibt's obendrauf**

**17 Europaseilbahn Mega Flying Fox • Krugbau 2, 36396 Steinau an der Straße • europa-kletterwald.de**

# Nachts im Museum
# Taschenlampenführung im Senckenberg

→ **Der Unterschied von Nacht und Tag …**

**Sicher, dass sich da vorn nicht gerade etwas bewegt hat?** Und was war das eigentlich für ein Geräusch? Ja, es kann einen schon ein wenig nervös machen, im Schein von Taschenlampen durch das stockdunkle Museum zu laufen, wo jeder Schritt durch die leeren Säle und Korridore hallt und die Schatten der Dinosaurier-, Wal- und Urelefantenskelette bei jeder Bewegung eines Leuchtkegels über Wände und Decken wandern.

Zum Glück sind bei den Taschenlampenführungen des Naturkundemuseums erfahrene Führer dabei, die allesamt Biologie, Geologie oder Paläontologie studiert haben und zu jedem der Ausstellungsstücke eine spannende Geschichte parat haben. Dass der T-Rex im Erdgeschoss eine Replik ist von einem Dinosaurier, dessen Original-Gebeine im American Museum of Natural History in New York stehen. Oder dass der Edmontosaurus, dessen Skelett in einem massiven Glaskasten liegt, nach seinem Ableben natürlich mumifiziert wurde und darum besonders gut erhalten ist – und ihn die Senckenberg-Mitarbeiter liebevoll »Schneewittchen« nennen.

INSIDER-TIPP **Faszinierender Farbschimmer**

Spannend ist auch ein Abstecher in die Säugetierausstellung. Wenn Zeit bleibt, bitte den Führer unbedingt einen Abstecher in die Insektenabteilung zu machen. Einige der Schmetterlinge funkeln im Schein der Taschenlampe in schimmernden Blauschattierungen, während bei Tageslicht nur Gelb- oder Brauntöne zu sehen sind.

Die Taschenlampenführung gibt es von September bis Mai immer am letzten Freitag im Monat. Tickets kosten 15 Euro.

**18** **Senckenberg Naturmuseum • Senckenberganlage 25, 60325 Frankfurt a. M. • museumfrankfurt.senckenberg.de**

# Riesling-Rafting
# Im Paddelboot über den großen Strom

→ **Ordentlich Manpower, leichte Strömung – da könnt ihr den »großen Pötten« fast schon Konkurrenz machen**

**Zugegeben, ein bisschen Mut braucht es schon,** sich hier ins Boot zu schwingen und »in See« zu stechen. Wir sprechen schließlich vom mächtigen Strom Rhein, auf dem riesige Transportschiffe von der Nordsee und zurück containerweise Waren transportieren. Bei der Konkurrenz klingen Gummiboot und Paddel nicht nur nach Abenteuer, sie sind es auch.

Die Tour startet am mit Bus und Bahn erreichbaren Rheinhafen Schierstein, in Gruppen von 12 bis 14 Teilnehmern, die je nach Buchungslage zusammengestellt werden. Nach der Sicherheitseinweisung wird hier das Boot zu Wasser gelassen und du legst die Schwimmweste an. Bereit für's Abenteuer?

Von hier aus geht es flussabwärts in Richtung der hunderte Kilometer entfernten Nordsee. Die Szenerie vor Ort? Ein Meer von Reben, und zwar soweit das Auge reicht. Die hübschen Weindörfer und -städte zeigen sich vom Wasser aus in einer ganz ungewohnten Perspektive, und beim kurzen Zwischenstopp am Weinstand in Walluf schmeckt der Riesling auch ganz besonders.

Kurz vorm Ziel im Eltviller Stadtteil Hattenheim gibt's noch einen außergewöhnlichen Einblick in die Natur des Rheins. Hier ist das Naturschutzgebiet Mariannenaue, eine der größten Rheininseln, die man sonst nur aus der Ferne zu sehen bekommt, zum Greifen nah. Wo Graureiher, Milane und Kormorane nisten, fährt die Natur ein gigantisches Schauspiel auf.

In Hattenheim angekommen geht's vom benachbarten Bahnhof entweder weiter Richtung Mittelrheintal oder zurück nach Hause.

**19** **Rafting-Touren des Riesling-Shuttle • Schiersteiner Hafen, 65201 Wiesbaden • Buchung: riesling-shuttle.de**

# Einmal Pilot sein
## Im größten Flugzeug der Welt

← **Täuschend echt: Cockpit und Umgebung im Flugsimulator**

**Als mit dem Ausfahren des Fahrwerks das Dröhnen in den Ohren lauter wird,** die Nase des Fliegers weiter und weiter nach unten ausweichen will und du als frischgebackener Pilot alle Mühe hast, mit dem Sidestick in der Hand den riesigen Airbus gerade zu halten, ist die Flieger-Realität ganz nah. Und die Tatsache, dass du dich gerade nicht im Landeanflug auf San Diego befindest, sondern in einem kleinen, eher unscheinbaren Raum auf dem Egelsbacher Airport-Gelände, ist vergessen.

Umso realer der Respekt, den du anschließend für all jene empfindest, die diesen Job tatsächlich ausüben und Tag für Tag hunderte Menschen sicher an ihr Ziel am anderen Ende der Welt befördern. »Eigentlich ist das alles eine Sache der Übung und Gewöhnung«, sagt der Flight Instructor, der jedem Besucher des *A380-Flugsimulators* als erfahrener »Pilot« zur Seite steht. Dass es trotzdem gute Gründe hat, wenn die Eignungstests den Pilotenanwärtern so viel abverlangen, betont er aber auch.

Dass dieser spezielle Simulator nicht aus Originalteilen, sondern aus zentimetergenau konstruierten Nachbauten besteht, hat gute Gründe: Als das Egelsbacher Flugerlebnis an den Start ging, gab es noch keine echten Cockpit-Teile des größten serienproduzierten Verkehrsflugzeugs der Welt vom Schrottplatz. »Täuschend echt sieht das Cockpit trotzdem aus«, betont der Flight Instructor, der bei Lehrgängen auch schon etliche Originale erklärt hat: »Und vor allem: Viel mehr Platz als hier haben die Pilotinnen und Piloten im wahren Leben auch nicht«. Zum beeindruckenden Cockpit hinzu kommt ein Computerprogramm, das alle denkbaren Wetterlagen, Flugrouten und Airports auf Knopfdruck simulieren kann und täuschend echte Bilder auf die Scheibe wirft.

**20** **A380-Flugsimulator • Am Flugplatz 1, 63329 Egelsbach • yourcockpit.de**

6.17
6.055

# Steil nach oben
# Bunte Wände hochkraxeln

**Eins muss man von vornherein klarstellen:** Nur weil etwas quietschbunt ist und ganz anders aussieht als Fels, muss das die sportliche Herausforderung nicht trüben. Ganz im Gegenteil, denn die Kletterhalle *Clip 'n Climb*, die es im Rhein-Main-Gebiet einmal in Mainz und einmal in der Wetterau nördlich von Frankfurt gibt, sorgt sportlich nicht nur dafür, dass du am Eingang deine Höhenangst ablegst.

**← Beim Aufstieg rollt sich das Seil auf, »bergab« gleitest du daran sanft zu Boden**

Hier wird, sobald das Klettergeschirr sicher angelegt und ein Trainer dich ins automatische Sicherungssystem der Halle eingewiesen hat, gekraxelt, gehangelt und geschwungen. Und zwar an bunten Wänden, die jede für sich eine echte Herausforderung ist. Mal hast du klassische Klettergriffe zum Festhalten, mal eigenartig geformte Kanten, und ein anderes Mal nichts als gigantische Bälle. Solltest du abrutschen, fällst du sicher ins Seil und kannst dich, wenn du nicht mehr weiterkommst, problemlos in Richtung fester Boden ablassen.

Neben dem Klettern gibt es in den Hallen auch klassische Mutproben. So balancierst du zum Beispiel auf einer Schwindel erregenden Treppe aus runden Plattformen, auf denen gerade einmal zwei Füße Platz haben. Oben angekommen hilft nur noch eins: springen. Alternativ lässt du dich zum freien Fall an einer gigantischen steilen Rutsche hochziehen oder hangelst dich im Ninja-Style an boxsackartigen Objekten entlang, die auch ein ganzes Stück über dem Boden von der Decke baumeln. Ausgepowert? Dann ist das Tagesziel ja erreicht

INSIDER-TIPP
**Einfach loslassen!**

**21** **Clip 'n Climb Karben • Am Hauserbach 2, 61184 Karben • clipnclimb-frankfurt.de**

**22** **Clip 'n Climb Mainz • Athener Allee 10, 55129 Mainz • clipnclimb-mainz.de**

Gestresst? Dann tief durchatmen, Ommm, die entspanntesten Auszeiten liegen gleich hier um die Ecke. Auf Papageiensafari, in der Seilbahn schweben, barfuß in den Dünen, durchatmen hinter Klostermauern. Hier findest du ganz schnell wieder zur eigenen Mitte.

# Die ruhigen Ecken

## Entspannen von minimalistisch bis luxuriös

# Grüntöne zählen In den Tropenhäusern des Palmengartens

→ **Wie wär's mit einem Versuch: Wie viele Grüntöne zählst du hier?**

**Wer durch die Türen der großen Glasfassaden der sternförmig angelegten Gewächshäuser tritt,** ist schnell mittendrin in einer anderen Welt. Kakteen mit riesigen Stacheln, exotische Philodendren mit imposanten Blättern – eine beeindruckende Mischung verschiedener Grüntöne und tropisches Klima sorgen dafür, dass sich ruckzuck Urlaubsfeeling einstellt und die Brillengläser beschlagen. Von winzigen Blättern und Früchten bis zu Giganten gibt es hier richtige Exoten zu entdecken, und der Kakteengarten gehört sogar zu den größten Europas.

Damit alles wächst und gedeiht, schaffen die Gärtner in jedem der Räume und den Bedürfnissen seiner Bewohner entsprechend die perfekten Bedingungen. Da wird mit Nebel und Duschen Luftfeuchtigkeit produziert, die Temperatur je nach Pflanzenart auf kühlen Bergregenwald, Monsungebiet oder Savanne geregelt, kurz: Jede noch so seltene und kostbare Pflanze bekommt genau das, was sie braucht, und das zum Teil seit vielen Jahrzehnten. Die gekonnte Pflege der Profis sorgt hier nämlich dafür, dass einige Arten steinalt werden können – es sei denn, sie stießen an die Decke ihres Gewächshauses und müssten gefällt werden. Den über 200 Jahre alten mexikanischen Goldkugelkakteen blüht dieses Schicksal jedoch nicht.

Zu den außergewöhnlichsten Arten gehört die seltene Welwitschia Mirabilis, die gerade einmal zwei Blätter hat, die über die Jahre länger und länger werden. Wer solche Exoten im Dschungel entdecken möchte, bucht am besten eine der Führungen.

**1** **Palmengarten • Siesmayerstr. 63, 60323 Frankfurt a. M. • palmengarten.de**

# Ab in den Wald
# Nächster Halt: Taunus

**Es gibt diese freien Tage,** an denen schaust du aus dem Fenster und hörst förmlich, wie die Natur nach dir ruft. Blauer Himmel und Vogelgezwitscher locken raus aus Alltag und Stadt und ab in den Wald. Gerade im Taunus ist es doch gerade sicher besonders herrlich! Na dann, Brote geschmiert, Rucksack gepackt und ab in U- oder S-Bahn. Denn mancherorts beginnt die Wandertour direkt hinterm Gleis.

← **Frische Waldluft schnuppern? Du musst nicht weit fahren!**

Für uns geht's an der nördlichsten Endhaltestelle im Taunus in *Friedrichsdorf* los. Die knapp vierstündige Rundwanderung führt an der Saalburg vorbei, dem einstigen Römerkastell am Limes, das in faszinierender Pracht wieder aufgebaut wurde und von der Zeit erzählt, als die Römer im Taunus lebten.

Bis zum Oberurseler Wandereinstieg, der Station *Oberursel-Hohemark*, fährst du von der S-Bahnstation am besten noch die letzten Meter mit der U-Bahn, die dich direkt vors Naturparkzentrum bringt, wo viele Wanderrouten beginnen, zum Beispiel auf den Großen Feldberg. Es ist auch Ausgangspunkt vieler geführter Wanderungen und Aktionen, etwa Einführungen ins Waldbaden, bei dem du auf den Waldwegen abschalten kannst.

INSIDER-TIPP
**Tauch ein in die Natur!**

Eine Mischung aus Wandern und Sightseeing gibt's dann wieder ab *Kronberg*. Hier startet der etwa drei Stunden lange 3-Burgen-Weg, der vorbei an den mittelalterlichen Burgen Kronberg, Königstein und Falkenstein führt. Hast du den ganzen Tag Zeit, mach unterwegs unbedingt einen Abstecher in den Opel-Zoo, an dem du sonst nur vorbeikommst.

**2** **Bahnhof Friedrichsdorf • Bahnstraße, 61381 Friedrichsdorf**

**3** **Haltestelle Oberursel-Hohemark • Hohemarkstraße, 61440 Oberursel**

**4** **Kronberg Bahnhof • Bahnhofstraße, 61476 Kronberg**

# Perfekt getarnt Auf Papageiensafari im Wiesbadener Schlosspark

**Die geheime Hauptattraktion** des *Biebricher Schlossparks*, direkt am Wiesbadener Rheinufer gelegen, lässt sich besser hören als sehen, und das ganz schön laut. Schon von Weitem machen die Halsband- und Alexandersittiche, die sich gegen Ende des letzten Jahrhunderts als Nachfahren von Haus- und Schautieren afrikanischer und indischer Herkunft hier im Park angesiedelt haben, mit ihren Schreien auf sich aufmerksam. Eine Ente hinten am See versucht, dagegen anzukommen, aber gegen diese Exoten hat sie keine Chance, zumal sie sich gegen eine der größten Populationen dieser Sittiche in Europa durchsetzen müsste.

**← Gute Karten hat, wer grüne Federn von grünen Blättern unterscheiden kann**

Auch die mit Kameras bewaffneten »Jäger« haben es nicht leicht – aber darin liegt ja gerade die Faszination. Sie mit bloßem Auge zu entdecken, das ist fast schon Kunst – bei der Suche nach den Tieren kann ein Fernglas oder eine Kamera mit Zoomobjektiv wirklich nicht schaden. Auch eine ordentliche Portion Muße solltest du mitbringen!

INSIDER-TIPP
**Halsstarre vermeiden!**

Unter der – die Akustik verrät's – richtigen Baumgruppe angekommen breitest du die Picknickdecke aus, lehnst dich zurück und schaust mit Argusaugen ins Geäst. Hier vorn hat sich eben nur ein hellgrünes Blatt im Wind bewegt, aber einige Etagen weiter oben im Baum könnte einer der Exoten sitzen. Es hat etwas Meditatives, hier zu verharren, nach jeder kleinen Bewegung Ausschau zu halten und den Blick immer wieder in andere Richtungen schweifen zu lassen, aus denen immer neue Papageienschreie dem Besuch zu sagen scheinen, dass er nur die Augen aufmachen muss.

**5** **Schlosspark Biebrich • 65203 Wiesbaden • sehenswertes-biebrich.de**

# Geliebtes Landleben
# Landwirtschaft in echt

→ **Auf den Feldern helfen Kaltblutpferde, das Gemüse gibt's im Hofladen**

**Wer in der Stadt lebt, hat keinen Bezug mehr zur Natur? Von wegen!** Keine Viertelstunde von der S-Bahn entfernt findet sich etwa in Bad Vilbel ein Bilderbuch-Bauernhof. Mit nachhaltigem Obst- und Gemüseanbau, eigener Bäckerei, Blumenwiesen zum Selberpflücken und einem Hofcafé hat die 1968 gegründete Betriebsgemeinschaft eine ganze Menge erreicht – und ist doch ganz traditionell geblieben.

Zwar hat der Hofladen heute schon einen gewissen Supermarkt-Touch und die knapp 80 Kühe werden auch nicht mehr von Hand gemolken, die Leitgedanken aber sind dieselben geblieben: Landwirtschaft in Fruchtfolgen, die dafür sorgen, dass der Boden nachhaltig bewirtschaftet werden kann, dazu Lebensbedingungen für die Tiere, wie sie vor der Zeit der Massentierhaltung üblich waren. Wie der Alltag auf dem Hof aussieht, kannst du beim Spaziergang übers Gelände ganz individuell erfahren. Du kannst aber auch einen der geführten Rundgänge buchen oder schaust mit dem Nachwuchs mal beim Lernbauernhof vorbei.

**INSIDER-TIPP** **Marktstand statt Hofladen**

Wenn es dir eher um die Produkte geht, die auf dem Hof hergestellt und angebaut werden – aromatischer Käse aus der Hofkäserei, saftiges Brot aus der Backstube, Fleisch aus eigener Anzucht, Eier von freilaufenden Hühnern, frisches Obst- und Gemüse – lohnt es sich, beim nächstgelegenen Wochenmarkt vorbeizuschauen. Gut möglich, dass einer der Wagen des Hofs dort steht.

Was Veranstaltungen angeht, sollten vor allem Familien mit Kindern regelmäßig einen Blick in den Terminkalender (website) werfen. Von kreativen Aktionen wie Rübenschnitzen bis zu Rundgängen, auf denen erklärt wird, wo Milch und Eier herkommen, ist einiges dabei. Für Erwachsene gibt's unter anderem Back- und Schnitzworkshops.

**6** **Dottenfelderhof • 61118 Bad Vilbel • dottenfelderhof.de**

# An liebsten barfuß
# In den Dünen von Rhein und Main

→ **Der Mainzer Sand (oben) entstand ebenso wie die Schwanheimer Düne (unten) nach der letzten Eiszeit**

**Es sind nur kleine Details** – der schmale staubige Spazierweg, der einige Hundert Meter weiter scheinbar im Nichts verschwindet, und vielleicht ein klein wenig das Grundrauschen der Autobahn, die dich vom exotischen Urlaubsgefühl zwischen Steppenpflanzen und Vogelgezwitscher wieder zurück in die Wirklichkeit holen. Ja, wir sind noch in der Stadt und zwar mitten in Mainz.

Aber mit den Schuhen in der Hand, den Kribbeln an den Fußsohlen, den weiten Ausblicken und den staubigen Farben, kannst du das Hier und Jetzt wirklich fantastisch verdrängen. Der *Mainzer Sand*, wo in Urzeiten noch Meer und Rhein verliefen, ist schon seit den 1930er-Jahren Naturschutzgebiet, dessen außergewöhnliches Bild am Rand des Stadtteils Mombach Tundra- und Savannenpflanzen prägen und zu dem mit den Jahren und sich veränderndem Klima auch mehr und mehr Mittelmeerfauna hinzukommt.

Wer Dünen sucht, bekommt auch am Main was zu erleben. Im südlichen Frankfurter Stadtteil Schwanheim liegt die *Schwanheimer Düne*, deren Wiesen im Sommer Heidschnucken beweiden. Durch die Binnendünenlandschaft, die seit den 1980ern Naturschutzgebiet ist, führt auf etwa einem halben Kilometer ein Bohlenweg aus Kastanienholz, dazu gibt's mehrere gepflegte Fußgängerwege, die du auch barfuß begehen kannst, wenn die Temperaturen es hergeben.

Mit oder ohne Schuhe sorgt ein Besuch der Dünen für Urlaubsfeeling und Exotik pur, obwohl alle Arten, die hier heimisch sind, nicht kompliziert hier angesiedelt werden mussten. Sie fühlen sich hier einfach von sich aus pudelwohl.

**7** **Mainzer Sand • Obere Kreuzstr. 30, 55120 Mainz • mainzer-sand.de**

**8** **Schwanheimer Düne • Höchster Weg 70, 60529 Frankfurt**

LOTSE

# Natur im Rampenlicht Urwaldfeeling am Canyon-Steg

→ **Der »Canyon-Steg« verbindet die hohen »Klippen«**

**Wer die Raben im Dickicht so schimpfen hört,** könnte glauben, das große Verbotsschild gelte auch für die Waldbewohner, die hier nicht nur zur Stippvisite vorbeikommen, sondern tagtäglich hier leben. Hier, das sind die *Dietesheimer Steinbrüche*, ein 150 Hektar großes Naturschutzgebiet, dem durch jahrzehntelangen Basaltabbau sein heutiges Gesicht gegeben wurde. Heute darfst du hier nicht baden, zelten oder Boot fahren um die Natur nicht zu stören – aber gegen ein Picknick, eine Runde verirren gehen in einem Labyrinth von Seen, Wegen und Felsen, dagegen hat niemand was.

Zu den spektakulärsten Flecken Natur gehören heute die größten beiden der elf Seen, der Vogelsberger See und der Oberwaldsee. Durch einen schmalen Streifen Wasser, der durch beeindruckende meterhohe Felsen führt, sind sie miteinander verbunden. »Canyon-Steg« lautet der klingende Name der Brücke, die über die Stelle führt und dir das Gefühl von Urlaub ganz weit weg vermittelt – schließlich ist der Kreis Offenbach heute wie seit Jahrzehnten eher für Industrie, Hafentrubel und Gewerbe bekannt als für beeindruckende Wanderwege. Umso schöner die Überraschung, wenn du das Ganze mit eigenen Augen siehst.

Die Natur ringsum, die Wälder, die aus Stein gehauenen Treppen und winzigen Strandabschnitte, sind nicht nur die Heimat der Raben, sondern auch zahlreicher anderer Vögel und Tausender Mauereidechsen, die sich hier angesiedelt haben, nachdem der Basaltabbau hier in den 80er-Jahren aufgegeben wurde und die Natur wieder ins Rampenlicht rückte. Über 100.000 Bäume und Tausende Sträucher geben dem Gebiet sein heutiges Urwaldflair.

**9** **Naherholungsgebiet Dietesheimer Steinbrüche • Am Hansteinweiher, 63165 Mühlheim**

# Pssssst! Citypause hinter Klostermauern

**Mit bis zu 14 500 Passanten pro Stunde ist die Frankfurter Zeil** nicht nur die geschäftigste Einkaufsstraße des Landes, sondern für die meisten von ihnen auch Stressfaktor pur. Dichtes Gedrängel in den Läden, Geschiebe draußen, Experten, die 30 cm vor einem unvermittelt stehen bleiben, und immer wieder Fahrradfahrer, die auf der Fußgängerzone ihre Slalomtechnik perfektionieren müssen. Der Puls rast – eine Pause muss her.

**← Die Einladung an Passanten steht: Eintreten und verweilen!**

Der Fluchtweg ins stille Idyll startet auf Höhe der Hauptwache: Auf den ersten Metern der Neuen Kräme Richtung Paulsplatz wird das Gedrängel nur langsam weniger, wenn man aber erstmal scharf links hinter die Klostermauern von Liebfrauen abgebogen ist, könnte der Effekt nicht faszinierender sein. Wo kommt denn diese Ruhe her?

Der als »Ort der Stille« bekannte Klosterhof der Liebfrauenkirche liegt so geschickt hinter den dicken Klostermauern, dass jedes Geräusch plötzlich Geschichte ist. Man hört jeden Absatz auf dem Pflaster, jeden Windhauch und kann sich – jetzt, da die Mittelalter-Architektur dem schief spielenden Straßenmusiker draußen den Ton abgedreht hat – auch endlich mal dem Konzert der Singvögel widmen. Was die City nicht alles an verborgenen Talenten bereithält …

Zuflucht bieten die Kirche und das dazugehörende Kloster, in der historischen Innenstadt Frankfurts schon seit Jahrhunderten – Gläubigen und Kapuzinermönchen, Händlern, die früher auf der Neuen Kräme ihre Waren anboten und eben all jenen, die heute der Konsum in die Innenstadt treibt.

**10 Liebfrauenkirche – Ort der Stille • Schärfengäßchen 3, 60311 Frankfurt a. M. • liebfrauen.net**

47
82

# Einfach schweben
# Abschalten in der Seilbahn

**Wenn die Reben so friedlich unter der Gondel liegen,** fühlt es sich fast ein wenig so an, als würdest du über ein grünes Meer aus Blättern und Trauben dahinschweben. Langsam, ganz langsam geht es vorwärts, sodass du unterwegs alle Zeit der Welt hast, Rhein und Reben zu bewundern und dich selbst davon zu überzeugen, warum die Gegend als eine der schönsten des Rheingaus gilt. Ein Blick, der sich übrigens auch abends und nachts lohnt – bei einer der regelmäßigen Nachtfahrten der Seilbahn kannst du dich davon überzeugen.

← Weinberg- und Rheinromantik aus der Vogelperspektive

INSIDER-TIPP
**Nachts im Weinberg**

Die Talstation der *Rüdesheimer Seilbahn* liegt unweit des Bahnhofs und der weltberühmten Drosselgasse, deren Anziehungskraft und Instagramability dafür sorgen, dass Souvenirläden, Straußwirtschaften und Restaurants fast alle Informationen mehrsprachig auf Schildern und Tafeln bereitstellen. Ein bisschen Hallstadt am Rhein, nur dass in China noch niemand auf die Idee gekommen ist, die Fachwerkhäuser, Kopfsteinpflaster und Weinlokale nachzubauen.

Aber genug vom Rummel – jetzt geht's in die Seilbahn! In jede der lauschigen Kabinen passen gerade einmal zwei Erwachsene, sodass du ganz in Ruhe die Aussicht genießen kannst – auf die ameisengroßen Wanderer, die sich den zuweilen steilen Weinberg zu Fuß vorgenommen haben, und vielleicht die Mitarbeiter der Winzer, die sich je nach Jahreszeit um die Pflege der Rebstöcke oder um die Ernte kümmern.

1,4 km und über 200 Höhenmeter weiter bist du angekommen am Weltkulturerbe Niederwalddenkmal, das einen gigantischen Ausblick über Rhein und Reben und in Richtung Mittelrheintal bietet.

**11 Seilbahn Rüdesheim • Oberstr. 37, 65385 Rüdesheim • seilbahn-ruedesheim.de**

# Raus und zur Mitte finden Im Pflanzenlabyrinth

→ **Wo geht's jetzt lang? Im Maislabyrinth musst du die Antwort finden**

**Ein bisschen unheimlich ist es schon** zwischen den dichten Wänden aus Mais, am Ende der Sackgasse. Der Ausgang kann doch wirklich nicht weit sein. Über deinem Kopf bringt der Wind die Spitzen der Pflanzen, die bis zu 3 m hoch werden, ein wenig zum Wippen, dein Blick gen Himmel fällt auf die Sonne, die dir bei der Orientierung hilft.

Das *Maislabyrinth Maisgeister*, das Richard Bickert und sein Team Jahr für Jahr als kleine Attraktion ihrer Landwirtschaft für Besucher öffnen, ist eine Herausforderung für alle Generationen. Wobei der Nachwuchs – betont Bickert schmunzelnd – fünf bis zehn Minuten schneller ist als die Erwachsenen. Die eigentlichen Kunstwerke, die sich sommers durch das Maisfeld seines Steinbacher Hofs am Taunusrand ziehen, die sieht jedoch nur, wer abhebt und übers Feld fliegt – oder wer die Drohnenbilder der letzten Jahre betrachtet, die die Scheune dekorieren. Denn dass die Pflanzen dir hier weit über den Kopf gewachsen sind – das sorgt ja gerade für den Spaß bei der ganzen Sache.

Dass es in einem Labyrinth auch darum geht, zu sich und seiner eigenen Mitte zu finden, das demonstriert im Frankfurter Naturschutzgebiet am *Alten Flugplatz Bonames* ein spannendes Weidenlabyrinth. Auf jeden Fall findest du leicht wieder hinaus – ganz ohne Faden.

**12** **Maislabyrinth Maisgeister • Kurmainzer Str. 136, 61440 Oberursel • maisgeister.de**

**13** **Alter Flugplatz Bonames • Am Burghof 55, 60437 Frankfurt/Main**

# Spektakulärer Sonnengruß Rooftop- und SUP-Yoga

**→ Haltung bewahren hoch über der Stadt**

**Der beeindruckendste Yoga-Spot des Rhein-Main-Gebiets** liegt ohne Frage weit über den Dächern der Stadt und macht selbst den größten Morgenmuffel zum Frühaufsteher. Zweimal die Woche treffen sich in den warmen Monaten die Teilnehmer der Rooftop-Yogakurse im Atrium des Maintower. Rauf geht's aufs Dach, die Fahrstuhlanzeige zeigt 51 ... 52 ... 53 ... dann öffnen sich die Türen, der Blick fällt auf eine Glasfront und weit hinaus über Stadt und Land. Wow!

Wer beim Rooftop-Yoga des Studios *Prime Time Fitness* dabeisein möchte, muss Mitglied des Clubs sein und kann dann fast rund um die Uhr hoch über der Stadt auf Laufband und Hantelbank trainieren. Der Yogakurs bringt das alles auf das nächste Level – hier geht es über knapp zwei Dutzend Stufen rauf auf die Dachplattform, wo die Sonne gerade ihre ersten wärmenden Strahlen über Frankfurt ausbreitet. Guten Morgen, neuer Tag!

Da kann es schon mal einen kurzen Moment dauern bis du ganz auf die Yoga-Übungen fokussiert bist. Aber dann könnte das Gefühl von Entspannung und Freiheit kaum größer sein.

Du suchst das Abenteuer lieber auf dem Wasser? Dann rauf aufs Board und beim Kurs von *Main SUP* angemeldet. Hier wird das Stand-up-Paddlingboard zur Yogamatte, und das stellt dich vor ganz neue Herausforderungen in Sachen Körperspannung. Damit das Ganze nicht zu sehr schaukelt, werden die Boards der Teilnehmer sternförmig miteinander verbunden.

**14** **Prime Time Fitness • Neue Mainzer Str. 52-58, 60311 Frankfurt • primetimefitness.de**

**15** **Main SUP • Hafentreppe, 63067 Offenbach • main-sup.de**

Helaba

# Wie zu Kaisers Zeiten Tuckernd zum Panoramablick

**→ Durch eine Baumschneise fällt der Blick vom Nerobergtempel aus auf die Stadt**

**Einen Effizienzpreis gewinnt die historische Nerobergbahn,** die seit 1888 Nerotal und Neroberg miteinander verbindet, nicht unbedingt. Knapp vier Minuten braucht sie, um die 438 m lange Strecke und den Höhenunterschied von 83 m zu bewältigen. Die Liste der beliebtesten Fortbewegungsmittel Wiesbadens führt die Bahn aber trotzdem an – und das ganz unbestritten.

Wenn sich das Gefährt ruckelnd in Bewegung setzt und mit 7,8 km/h den 245 m hohen Bergrücken erklimmt, fährst du tatsächlich in einem Stück Zeitgeschichte, denn die Bahn ist heute die letzte ihrer Art: die einzige noch betriebene Wasserballast-Zahnstangen-Standseilbahn Deutschlands. Nur ein knappes Jahr arbeiteten die Ingenieure und Handwerker bis zur Eröffnung. Dass die Bahn fast 150 Jahre später ein wenig aus der Zeit gefallen wirkt, dient dem Charme des Traditionsgefährts, das statt auf Strom auf die Kraft von Wasserballast setzt. Mit zwei Wagen, die entgegengesetzt nach oben und unten fahren, kann sich die Bahn ausschließlich durch ihr eigenes Gewicht fortbewegen und ist so recht ressourcensparend unterwegs.

Oben angekommen liegt dir die Stadt zu Füßen, vom Nerobergtempel aus ist der Blick besonders eindrucksvoll. Im Park auf dem Hügelplateau kannst du auf Erkundungstour gehen – etwa zur Russischen Kirche, einem Prachtbau mit fünf vergoldeten Kuppeln im russisch-byzantinischen Baustil – oder einfach die Picknickdecke aufschlagen. In der »Erlebnismulde«, einer Art Amphitheater, finden Veranstaltungen statt und für Sportfans gibt's das Freibad Opelbad sowie einen Hochseilgarten. Runter geht's danach entweder mit der Bahn oder in einer guten Viertelstunde zu Fuß.

**16 Nerobergbahn Talstation • Wilhelminenstr. 51, 65193 Wiesbaden • nerobergbahn.de**

# Get the Flow Die Energie zum Fließen bringen

**→ Unter freiem Himmel, auch vor so toller Kulisse wie der Darmstädter Orangerie, mit Qi Gong Körper, Geist und Seele stärken**

**Du spürst den Wind, fühlst feuchtes Gras unter den Füßen,** deine Atmung wird gleichmäßig, die Aufmerksamkeit richtet sich auf die Energie im Körper, deine Bewegungen sind fließend, aber langsam – und du bist im Flow der chinesischen Bewegungslehre Qi Gong. Sie zielt darauf, aktiv Energieströme im Körper anzukurbeln und so die körperliche und geistige Gesundheit zu fördern.

Was im Darmstädter »Bewegungsraum« ganzjährig drinnen angeboten wird, zieht an den Wochenenden im Sommer etliche Teilnehmer nach draußen in die Parks der Stadt. In der *Orangerie* im Süden, umgeben von Grün und auf der *Rosenhöhe* im Osten, wo die Stadt dir zu Füßen liegt, macht der Einfluss der Natur es dir einfacher, dich ganz auf dich und deine Energie zu konzentrieren, statt die Gedanken schweifen zu lassen. Die sanften Bewegungen, die du dabei machst, sorgen dafür, dass Körper und Geist in Schwung und gleichzeitig zur Ruhe kommen.

Der Begriff Qi Gong setzt sich zusammen aus Qi (Lebensenergie) und Gong (Arbeit bzw. Können). Qi Gong bezeichnet also die Möglichkeit aktiv mit deiner Lebensenergie zu arbeiten und sie so zu bewahren, wie deine Trainer dir am Anfang erklären werden. Dabei geht es vor allem darum, mit gezielten Bewegungen Blockaden zu lösen und Kraft zu tanken. Du musst dafür also nicht unbedingt sportlich sein.

Körperlich anstrengender wird's bei der indischen Sportart Yoga, die der »Bewegungsraum« ebenfalls in die Parks bringt. Du kannst spontan zu einem der Termine (der-bewegungsraum.de) vorbeikommen, die Teilnahme kostet 5 Euro.

**17** **Orangeriegarten • Bessunger Str. 44, 64285 Darmstadt**

**18** **Rosenhöhe Terrasse Rosarium • 64287 Darmstadt**

# Für Auftrieb sorgen
# Im Schwebebad relaxen

**Mit bunten Lichtern, die das Wasser zum Funkeln bringen** und wie kleine Kunstwerke über die Decke des gemütlich eingerichteten Raums mit dem Wasserbecken huschen, mit sanften Klängen und Harmonien aus den Lautsprechern und dem Plätschern des Wassers sind die äußeren Reize für die nächste Stunde auf ein Minimum beschränkt. Kurz: Im *Schwebebad Oberursel* hat die Welt mal Pause.

**← Wie am Toten Meer im Wasser schweben, Stress und Druck vergessen**

32 Grad Wassertemperatur und ein hoher Gehalt an Magnesiumsalzen im Wasser bilden die magische Kombination, die in einer 60 oder 75 Minuten langen Sitzung für Tiefenentspannung sorgen. Auf dem Salzwasser treibt dein Körper mühelos oben, den Kopf stützen in den ersten Minuten noch die Hände, denn der Halswirbelbereich ist in der Regel der, der die meisten anstrengenden Situationen zu meistern, Verspannungen am häufigsten zu ertragen hat. Wenn dein Kopf dann von selbst schwebt, haben nicht nur deine Muskeln, sondern auch deine Gedanken Pause und die Tiefenentspannung kann losgehen. Nebenbei sorgen die Magnesiumsalze im Wasser auch noch für eine ganz besondere Hautpflege.

Das Floating haben die Betreiber, die statt geschlossener Wannen, die andernorts zum Einsatz kommen, geräumige offene Pools mit Salzwasser füllen, perfektioniert. Zudem bieten sie Massagen, eine Salzgrotte und die Kältekammer (-85 Grad!), in der man bei Sportübungen Kalorien verbrennt und den Körper nach dem Entspannen wieder auf Hochtouren bringt. Wer das Maximum aus seinem Besuch rausholen will, bucht je nach Lust und Laune die Kombination aus mehreren Behandlungen, die dann ganz aufeinander abgestimmt werden.

INSIDER-TIPP **Kontrastprogramm**

**19** **Schwebebad Oberursel • Strackgasse 17, 61440 Oberursel • schwebebad-oberursel.de**

# Sanftes Plätschern
# Hier hat die Stadt Pause

**Während auf dem Hauptstrom des Rheins** Tank- und Lastenschiffe geschäftig unterwegs sind, herrschen auf dem 6 km langen Ginsheimer Altrhein Ruhe und Gemütlichkeit. Langsam färben sich die Blätter der Bäume in ihre Herbstfarben, unzählige Vogelstimmen machen auf die Natur aufmerksam, die die Rheinbegradigung im vorletzten Jahrhundert hier übriggelassen hat. Die Auenwälder, die den schmalen Nebenstrom vom großen Rhein trennen, sorgen dafür, dass man hier hinten abgeschirmt ist vom Treiben der Landeshauptstädte, die an beiden Seiten des Flusses liegen.

**← Kontraste: Eine Attraktion unweit des Altrheins ist die Ginsheimer Rheinschiffsmühle, auf dem Hauptstrom herrscht reger Lastschiff-Verkehr**

Wer ganz eintauchen und die Ruhe genießen will, der muss ab aufs Wasser, in Kanu oder Kajak, ins Ruderboot oder aufs Stand-up-Paddleboard – das Fortbewegungsmittel spielt fast keine Rolle, Hauptsache du kannst es langsam angehen lassen. Wenn das Paddel ins Wasser stichst und dich in Bewegung setzt, zählen sowieso nur noch die Entschleunigung und die vielen Tausend Details der Natur, für die du hier jederzeit die Augen offenhalten solltest. Nicht dass du verpasst, wie sich ein Aal am Boot entlang schlängelt oder wie Vogeleltern sich mühen, dem Nachwuchs das Fliegen beizubringen.

Wer das Alrheingebiet danach noch mit festem Boden unter den Füßen weiter erkunden will, nimmt vom Ginsheimer Ortskern aus die Seilfähre »Johanna« (Fahrplan: hofgut-nonnenau.de) zur Insel Nonnenau, die Altrhein und Rhein voneinander trennt. Auf der Insel erinnert außer wenigen Gebäuden kaum noch etwas an die Welt auf der anderen Seite des Wassers und du kannst die Stille so richtig genießen.

**20** **Bootshaus Haupt • An der Fähre 5, 65462 Ginsheim-Gustavsburg • bootshaus-haupt.de**

# Wildnis ganz nah

## In der Alten Fasanerie Hanau

**Es ist schon eine kleine Herausforderung,** wenn man mal zur Ruhe kommen und Geduld beweisen muss. In den großen Tiergehegen der *Alten Fasanerie Hanau* sitzen eindeutig die Tiere am längeren Hebel. Keine Lust auf Menschen? Mehr Freude am Schatten? Müdigkeit? Tja, dann lassen Luchs, Wolf, Elch und die anderen Tiere dich eben warten. Hunderte Bäume und Sträucher bieten Schutz vor neugierigen Blicken und schaffen ein Habitat, das den Tieren ein artgerechtes Leben erlaubt.

← **Psst! Einfach nur beobachten!**

Umso spannender wird's, wenn sie sich dann doch blicken lassen und majestätisch durchs Gehege wandern. Der weiße Wolf mit seinen gigantischen Pranken und faszinierend braunen Augen, der Luchs mit seiner auffälligen Fellzeichnung, den typisch großen Ohren und elegantem Katzengang. Kamera oder Smartphone für angemessene Starshots der seltenen Waldtiere schon im Anschlag?

Faszinierend auch, wenn du dich einfach mal auf eine Bank setzt und dir Zeit nimmst zum Beobachten: Wie die Tiere sich untereinander verhalten, wer bei den Rothirschen der Chef ist, welcher der Frischlinge Mama Bache besonders viel Kopfzerbrechen bereitet … Der Wildpark ist das ganze Jahr über geöffnet.

Wenn du mehr über die Tiere erfahren willst, kannst du auch an Führungen teilnehmen. Die Mitarbeiter des hessischen Forstamts, das den Park 1967 als Nachfolger einer historischen Fasanerie des Mainzer Erzbischofs eröffnete, haben eine ganze Menge über die Waldbewohner zu erzählen. Regelmäßig gibt es außerdem Führungen mit Wissenschaftlern, die ein Förderverein organisiert.

**21** **Wildpark Alte Fasanerie • Fasaneriestr. 106, 63456 Hanau/Klein-Auheim • hessen-forst.de/alte-fasanerie**

Hier ist was los, hier steppt der Bär. Und du: mittendrin. Stürz dich rein ins pralle Leben, in die urigsten Events, die kultigsten Kneipen, die stimmungsvollsten Konzerte, die angesagtesten Festivals. Man lebt schließlich nur einmal!

# Das pralle Leben

## In Feierlaune das ganze Jahr

WEINGUT

# Gepflegter Vino
# Weinbar-Highlights in den Städten

**Wenn man in direkter Nähe zu Rheingau und Rheinhessen eines zu schätzen weiß,** dann ist das guter Wein, sogar in Metropolen, wo standardmäßig eher Apfelwein getrunken wird. Also auf in die Lieblings-Weinstuben und -bars der Region!

← **In der *Weinstube Sachsenhausen* gibts nicht nur regionale Weine**

Wir starten in Mainz in der *Weinstube Michel*. Hier gibt's eigene Weine mit klingenden Namen wie Scharmbolze oder Teschdelmeschdel, die Trauben dafür wachsen auf den Weinbergen im rheinhessischen Gunthersblum. In der gemütlichen Stube lässt sich der Abend fantastisch starten und genauso gut versacken, bis die Stühle hochgestellt werden.

Auf der anderen Rheinseite geht's weiter zum Winzer. Die moderne Weinbar des Weinguts *Balthasar Ress* mitten in der Innenstadt ist der ideale Absackerort, etwa nach einem Theaterbesuch. Hier gibt's eine Menge aus eigener Produktion vom Hattenheimer Weinberg, aber auch ausgewählte Tropfen von Partnern.

In der *Weinstube Sachsenhausen* wirst du empfangen, als wärst du schon tausend Mal hier gewesen, kommst mit dem Team und anderen Gästen ins Gespräch und kannst, wenn du willst, sogar die Geschichten der Winzer hören, die hier ebenso zur Familie gehören wie du als Gast. Und weil das Team hier so richtig für den Wein brennt, gibt's regelmäßig Veranstaltungen mit Winzern und Sommeliers.

INSIDER-TIPP
**Wein lernen**

1. **Weinhaus Michel • Jakobsbergstr. 8, 55116 Mainz • michel-wein.de**

2. **Balthasar Ress • Mauergasse 10, 65183 Wiesbaden • balthasar-ress.de**

3. **Weinstube Sachsenhausen • Brückenstr. 35, 60594 Frankfurt a.M. • weinstube-sachsenhausen.de**

# Hafenklänge Am Mainufer in Offenbach

→ *Hafen 2* **ist ein Live Music Venue. Chillen geht aber auch, und dann wäre da noch der Streichelzoo …**

**Ahoi ihr Club-Kapitäne und Musik-Matrosen!** Ihr liegt in einem besonderen Hafen vor Anker. Den Namen des Kulturzentrums am Offenbacher Mainufer kannst du ruhig wörtlich nehmen. Wie ein echter Hafen ist der *Hafen 2* ein Ort des Ankommens und Aufbrechens. Hier kommen Kulturen zusammen und es geht immer lebendig zu, ab und an auch etwas lauter.

Bekannt ist die alternative Plattform über die Stadtgrenzen Offenbachs hinaus. Aber auch wieder nicht so bekannt, dass jede Veranstaltung komplett überrannt würde. Für diejenigen, die in »Hafennähe« wohnen, ist das Kulturzentrum auch mal Ziel eines abendlichen Spaziergangs. Man horcht kurz hin, checkt, ob noch Platz ist und gesellt sich spontan dazu.

Schon 2004 ist der *Hafen 2* gestartet. Aus einer Zwischennutzung, ausgelobt von der Stadt zur kulturellen Belebung des Gebiets, wurde ein dauerndes Projekt als In- und Outdoor-Hybrid. Die Macher ziehen ihren Drive aus der Lust zu gestalten. Deshalb findet sich im Programm des *Hafen 2* grundsätzlich nichts, was es nicht gibt. Theater, Mode, Lesungen, Café, Kino.

Im Fokus steht aber die Musik. Die Künstler, die sich hier bereits die Ehre gegeben haben, decken so ziemlich die gesamte Bandbreite der musikalischen Gegenwart ab. Von Psych-Pop über Post-Punk bis Neo-Kraut – nichts, das im *Hafen 2* nicht die Leinen festmachen könnte. Das Programm ist maximal vielseitig. Einzige Bedingung: Tanzbar muss es sein! Ob auf dem Dancefloor Open Air oder in der kleinen Multi-Zweck-Halle – Spaß und Stimmung sind hier überall. Und wer jetzt noch nicht überzeugt ist, dem sei gesagt: Es gibt auch wollige Schafe im Streichelzoo-Bereich.

**4** **Hafen 2 • Nordring 129, 63067 Offenbach • hafen2.net**

Riddell
SAMSUNG
SAMSUNG
SAMSUNG

# Lila Hölle Mitjubeln beim American Football

**Knallig bunte Jerseys, gestreifte Schiedsrichter-Uniformen und euphorische Cheerleader** am Spielfeldrand – bei den US-Kultsportarten geht's immer heiß her. Mit Abstand am beliebtesten in der Stadt, in der bis in die 1990er tausende US-Soldaten stationiert waren: American Football. Diese Liebe beflügelte vor allem die europäische NFL-Mannschaft »Frankfurt Galaxy«, die von 1991 bis zur Liga-Einstellung aktiv war und vor Zehntausenden Menschen im Waldstadion spielte.

Als Nachfolger gründeten Fans und Ex-Funktionäre *Frankfurt Universe*, die heute in der Bornheimer PSD Bank Arena inzwischen in der GFL1 gegen andere deutsche Top-Mannschaften antritt. Dann verwandelt sich das Stadion in die legendäre »lila Hölle« – und diese Atmosphäre musst du mal erlebt haben! Die Begeisterung der Fans springt im Nullkommanix über – versprochen!

Wer sich auch für andere US-Sportarten begeistert, findet ganz in der Nähe in der Eissporthalle die Spielstätte der ebenso beliebten Eishockey-Mannschaft *Löwen Frankfurt*, die regelmäßig um die Meisterschaft in der zweiten Liga mitspielen. Ganz im Westen der Stadt, in der Höchster Fraport Arena, spielen außerdem die Basketballer der *Skyliners*.

**← Für Football sind in der Main-Metropole die Jungs von *Frankfurt Universe* zuständig**

**5** **Frankfurt Universe (PSD Bank Arena) • Richard-Herrmann-Platz 1, 60386 Frankfurt a. M. • frankfurt-universe.de**

**6** **Löwen Frankfurt (Eissporthalle) • Am Bornheimer Hang 4, 60386 Frankfurt a. M. • loewen-frankfurt.de**

**7** **Fraport Skyliners (Fraport Arena) • Silostr. 46, 65929 Frankfurt a. M. • fraport-skyliners.de**

MANDELN
ofenfrisch
ERDNÜSSE
Neu

# Auf ins Wäldche!
# Wenn der Stadtwald Rummelplatz ist

**Gemächlich schaukelnd schiebt sich die Riesenradkabine über die Wipfel** der mächtigen Eichen und Buchen – und der Ausblick ist perfekt! Dann kommen die gefühlt tausend Grüntöne des fast 58 km² großen Stadtwalds an der Grenze zu Neu-Isenburg erst so richtig zur Geltung, auch das Taunuspanorama ist eigentlich nirgendwo sonst so schön anzusehen wie von hier oben. Wieder unten angekommen locken die Stimmen der Ansager in Autoscooter und Kettenkarussells, in manchen Jahren gelingt es den Veranstaltern sogar, eine Achterbahn perfekt zwischen den Baumwipfeln zu positionieren.

**← Im *Wäldche* geht's hoch hinaus**

Der *Wäldchestag* – der Dienstag nach Pfingsten – gilt in Frankfurt und den südlichen Lagen des Taunus als kleiner »Nationalfeiertag«. Er geht zurück auf das Mittelalter, als die heute innerstädtischen Bereiche Frankfurts noch von Handwerk und Landwirtschaft geprägt waren. An den Tagen nach Pfingsten wurde traditionell Vieh getrieben und der Wald für die Brennholzernte für die Bürger freigegeben. Und so kam es, dass die Frankfurter sich bis heute am Wäldchestag im Stadtwald versammeln.

Der Rummelplatz, als der der Wäldchestag heute seine Besucher rund ums Pfingstwochenende anzieht, hat sich erst in den Nachkriegsjahren entwickelt. Heute stehen hier neben dem Riesenrad zahlreiche Karussells und Schießstände, Imbissbuden und Läden von Händlern und Handwerkern. Das Wäldche läutet den Sommer ein und die Frankfurter zieht der Wald noch heute wie magisch an.

**8** **Frankfurter Wäldchestag im Stadtwald • Am Oberforsthaus, 60528 Frankfurt a. M. • frankfurt-tourismus.de**

# Stadtnah rocken
# Die besten Musikfestivals

→ **Gute Stimmung beim *Schlossgrabenfest* – auf und vor der Bühne**

**Wenn du Festivals vor allem wegen matschiger Zeltplätze und ebensolcher Campingtoiletten liebst,** ist dir Darmstadt vielleicht ein bisschen zu aufgeräumt. Wenn du aber wegen der Musik kommst, bist du beim jährlichen Innenstadt-Rockfestival am Residenzschloss richtig. Namhafte Bands aus dem deutschsprachigen Raum, gute Soundtechnik und ein Publikum in bester Laune und lockerer Festivalstimmung – was willst du mehr?

Zu den Künstlern, die beim 1999 ins Leben gerufenen *Schlossgrabenfest* in den letzten Jahren auf der Bühne standen, zählen Max Giesinger, Glasperlenspiel, Nena und Mark Forster – neben den etablierten Künstlern können sich aber auch junge Bands und Künstler zu jeder Auflage bewerben. So kamen zuletzt über hundert Bands und ein gutes Dutzend DJs zusammen, die dafür sorgen, dass sich die musikalische Vielfalt von ganz allein einstellt und jeder der über 400.000 Besucher seinen Musikgeschmack wiederfindet. Für die Feiernden und Musikfans sind die Darmstädter Innenstadt, das Residenzschloss und der große Karolinenplatz, auf dem die Hauptbühne steht, jedes Jahr im Mai die perfekte Kulisse.

Ein etwas kleineres Festival lockt jeden zweiten August ans Frankfurter Mainufer an den *Osthafen* – und zwar bei freiem Eintritt. Hier spielten zuletzt Bands und Musiker wie Culcha Candela oder Laith Al-Deen. Drumherum gibt's internationale Küche an Ständen und Foodtrucks, Party-Areas mit bekannten DJs und den größten Flohmarkt der Stadt.

**9** **Schlossgrabenfest • 64283 Darmstadt • schlossgrabenfest.de**

**10** **Osthafenfestival • 60314 Frankfurt a. M. • osthafenfestival.de**

SGF
2019
loop5
VIP-
LOUNGE

S2 Dietzenbach

# Troubadoure im Bahnhof Livemusik und gute Gastro in Eppstein

**Wunderbar ist sie, und weit – aber gar nicht weit weg.** Denn direkt im denkmalgeschützen Bahnhof des hübschen Taunusörtchens Eppstein sind immer wieder internationale Musiker zu Gast. Das vielseitige Live-Programm präsentiert ein sorgfältig ausgesuchtes Best Of der gegenwärtigen Americana-, Country-, und Folk-Szene. Internationale Blues-Größen und namhafte regionale Singer/Songwriter bringen feinste handgemachte Musik auf die Bühne. Dazwischen steht auch immer mal wieder Weltmusik auf dem Programm. Man könnte also sagen: Hier kommt die Welt musikalisch zusammen.

← Schauplatz der *Wunderbar Weiten Welt:* Eppsteins Bahnhof

Das Ambiente ist gemütlich, warm und ungezwungen, sodass es ganz unbemerkt auch mal später wird. Die Musiker sind nah am Publikum, das gerade mal ein paar Meter von der Bühne entfernt lauscht. In den Pausen sind die Künstler immer für ein Schwätzchen bereit.

Schon der Veranstaltungsort selbst ist ein Hingucker: Von der Terrasse des sorgfältig restaurierten Gebäudes hast du einen guten Blick auf die Eppsteiner Altstadt. In dem angeschlossenen Biergarten kannst du gut eine Pause einlegen, auch wenn gerade niemand musiziert. Denn: Nicht nur bei Live-Fans ist die *Wunderbar Weite Welt* beliebt. Neben dem musikalischen Repertoire umspannt auch die Speisekarte den Globus. Das Essen ist hervorragend und vielfältig: Von bürgerlich über mediterran bis hin zu Ausflügen nach Indien und Fernost – hier ist für jeden was dabei.

**11** **Wunderbar Weite Welt • Am Stadtbahnhof 1, 65817 Eppstein • wunderbar-weitewelt.de**

# Strandgefühle In Beachsbars gepflegt versacken

→ **Blick auf Mainhattan vom *Citybeach***

**Wenn ein stressiger Arbeitstag zu Ende ist,** der nächste quasi schon in den Startlöchern steht und kein Urlaub in Sicht ist, braucht es drastische Maßnahmen. Sonne satt, Sand und Wasser an den Füßen und ein fruchtiger Cocktail in der Hand erzeuhen ein Ganz-weit-weg-Gefühl. Das passende Setting schaffen die hipsten Strandbars im Rhein-Main-Gebiet.

Wir starten ganz im Westen der Region am *Mainzstrand* mit Logenblick auf die Mainmündung. Hier sitzt du unter Sonnenschirmen, vergräbst die Füße im Sand und träumst dich von Rhein und Main aus einfach zum Meer. Neben Cocktails, Bier und alkoholfreien Getränken gibt's hier selbstverständlich auch eine anständige Weinkarte. Und wer gern tanzt, findet bei regelmäßigen Salsa-Parties mit Livemusik die perfekte Location dafür.

INSIDER-TIPP
**Rhythmus im Blut**

In der Kelsterbacher *Kelsterbar*, einer Location, die jedem Bootshaus auf deiner Lieblingsurlaubsinsel Konkurrenz macht, liegt das Reisegefühl quasi in der Luft – allein schon akustisch. In direkter Nähe zum Frankfurter Flughafen kannst du dich hier an Bord startender Maschinen träumen und in Gedanken und mit Cocktail in der Hand den nächsten Urlaub planen.

Die dritte Strandbar – der Frankfurter *Citybeach* – verdankt den Highlight-Status vor allem der Aussicht. Auf dem Pooldeck, das die Macher auf das Dach eines Parkhauses gezaubert haben, sitzt du unter Palmen vor der Frankfurter Skyline.

**12** **Mainzstrand • Adenauer-Ufer, 55116 Mainz • mainzstrand.de**

**13** **Kelsterbar • Mainstr. Ecke Leinpfad, 65451 Kelsterbach • kelsterbar.com**

**14** **Citybeach • Carl-Theodor-Reiffenstein-Platz 5, 60313 Frankfurt a. M. • citybeach-frankfurt.de**

# Feierabend ahoi

## Auf Chill-out-Kreuzfahrt

→ After-Work-Shipping vor Mainhattan

**Es sind vier Silben, die den Tagesausklang zu dem machen,was er ist.** Fei – er – a – bend! Jetzt! Und wenn das Partyboot der Frankfurter Primus-Linie (primus-linie.de) am *Eisernen Steg* in See sticht, dann darf der Alltag gern am Ufer sitzenbleiben. Soll er sich doch auch mal einen schönen Abend machen!

Die Chillout-Cruises und After-Work-Fahrten starten regelmäßig auch von den Ablegestellen *Wiesbaden-Biebrich* und *Mainz-Fischtor*. Glitzernd spiegeln sich die Lichter der nächtlich beleuchteten Städte im Wasser, die bunte Bootsbeleuchtung, Musik, kühle Getränke und frisches vom Grill sorgen für einen garantiert entspannten Abend. Und die Erkenntnis, dass Ausflugsschiffe ja gar nicht so altmodisch sind, wie du immer geglaubt hast. Ein weiterer Vorteil der Party auf dem Wasser: Wenn kühle Fahrtluft erfrischt, tanzt es sich an Deck gleich doppelt so schön.

INSIDER-TIPP
Mutig genug?

Dir ist eher nach einem Abend mit Spannung und Nervenkitzel? Dann buch dir einen Platz beim Krimi- oder Gruseldinner der Reederei und tauch ein in eine Welt voll Fantasie und zwielichtiger Gestalten. Schauspieler mischen die illustre Runde ordentlich auf, und wer weiß? Vielleicht warst du ja sogar selbst am Ende an der Tat beteiligt? Was Wahrheit und Dichtung ist, das kannst du am Ende womöglich selbst nicht mehr auseinanderhalten – und das liegt nicht daran, dass das Schiff so schaukelt.

**15** **Anlegestelle Wiesbaden-Biebrich • Rheingaustr., 65203 Wiesbaden**

**16** **Anlegestelle Mainz-Fischtor • Fischtorplatz, 55116 Mainz**

**17** **Anlegestelle Eiserner Steg • Mainkai, 60311 Frankfurt a. M.**

LEADBELLY'S

# Kneipenbesuch für Schlaue Auf zum Pubquiz

**Es gibt Momente, in denen unnützes Wissen dir genau gar nicht weiterhilft,** und es gibt Abende beim Pubquiz. Hier geht's nicht nur darum, einen geselligen Abend zu verbringen, neue Leute kennenzulernen und bei gemeinsamen Rateversuchen Tränen zu lachen – du häufst auch haufenweise Wissen an, das du vermutlich nie wieder brauchen wirst.

← Auf dem Weg zum Pubquiz-Master

Das Prinzip ist ganz einfach. Die Kneipe oder Bar die das Pubquiz ausrichtet, stellt Plätze für eine gewisse Anzahl von Gruppen zur Verfügung, die sich in der Regel vorher anmelden müssen. In dieser geschlossenen Gesellschaft wird dann gequizzt was das Zeug hält, in mehreren Runden. Mal geht es um bestimmte Themen, wie beim regelmäßigen Frankfurt-Quiz in der *Klapper 33* in Frankfurt-Sachsenhausen, mal um Gott und die Welt wie beim Quiz in der Kultur- und Musikbar *Schanz* in Mühlheim. Besonders vorbereiten musst du dich eigentlich nicht, aber ein gutes Allgemeinwissen kann ja auch im Alltag nicht schaden.

Wer im Laufe des Abends mit seiner Gruppe die meisten Antworten richtig weiß oder errät, wird zum Sieger gekürt und gewinnt entweder Preise oder – je nach Spielmodus – die Teilnahme an einer Finalrunde. Einige Rätselrunden wie das *Wiesbadener Pubquiz* finden auch in regelmäßig wechselnden Kneipen statt, sodass die Location nie langweilig wird.

**18** **Klapper 33 • Klappergasse 33, 60594 Frankfurt a. M. • klapper33.de**

**19** **Schanz • Carl-Zeiss-Str. 6, 63165 Mühlheim • schanz-online.de**

**20** **z. B. im PapperlaPub • Zimmermannstr. 7, 65185 Wiesbaden • pubquizwi.de**

# Wo Nachbarn feiern
# Abends am Wasserhäuschen

→ **Kiosk, Café und Szenetreff: das Fein in Frankfurt**

**Ein bisschen plakativ wär's ja schon,** würde man behaupten, dass sich alle an den Trinkhallen und Wasserhäuschen tummeln – vom Banker bis zum Bettler, aber ganz falsch? Sicher nicht!

Die freistehenden Kioskhäuschen existieren in Frankfurt traditionell in so ziemlich jedem Viertel, sind Anlaufstelle für feiernde Nachbarn, die sporadisch stattfindende Livemusik auf die Straße gelockt hat, für Studenten, die beim Kauf von Getränkenachschub für die WG-Party ums Eck hier hängen geblieben sind, und für Einsame, die hier trinken und außer an den Abenden wenig sozialen Anschluss finden. Allein das soziale Miteinander hier zu beobachten kann schon so spannend sein wie der Ausflug zum Wasserloch bei der Wüstensafari.

Besonders beliebt sind über die letzten Jahre vor allem zwei Trinkhallen im jungen und wandelfreudigen Frankfurter Nordend geworden. Im *Fein* im Süden des Viertels und im *Gudes* im Norden haben junge Betreiber das Wasserhäuschen-Konzept weitergedacht und vom Kiosk zur Gastronomie entwickelt. Im *Fein* geht's mit schnieke bestuhltem Sitzbereich und Kaffee, Kuchen und Stullen an der Theke inzwischen eher gediegen zu, bevor es weiter zum Feiern in die Innenstadt geht.

Das *Gudes* bringt nicht nur mit knalligen Graffiti, sondern auch mit hippen Drinks und Sorbets Farbe ins Viertel. Besonders freitags, wenn sich viele Feiernde vom Friedberger Markt Richtung Matthias-Beltz-Platz verziehen, ist die Feierlaune rund ums Wasserhäuschen groß.

**21** **feinfrankfurt • Petersstr. 4, 60313 Frankfurt a. M. • facebook.com/feinfrankfurt**

**22** **Gudes • Matthias-Beltz-Platz 1, 60318 Frankfurt a. M. • facebook.com/gudesffm**

FEIN
Drinks
1) Ramazotti Orange Tonic, Rosmarin
2) Portwein, Gingerale Limette
6) Prosecco, Aperol
7) Baileys iced coffee

Das war ein bisschen viel an Info? Du weißt nicht, wo du anfangen sollst? Na dann, hier kommen ein paar Vorschläge: die Tipps aus diesem Buch, neu gedacht, neu sortiert. Teste dies, probiere das und würfel alles wieder neu zusammen!

# Mix & Match

## Mach dein eigenes Ding

# Kurzurlaub

# In zwei Tagen besonders viel erleben

## Tag 1

### Fast wie reisen

Vom klassisch französischen Frühstück über italienische, schweizerische, türkische, griechische und deutsche Spezialitäten – im *Mola* im südlichen Frankfurter Stadtteil Sachsenhausen startest du dank der Frühstückskarte mit einer Rundreise durch Europa in den Tag. → **S. 40**

### Im Meer aus Grün

Noch nicht weit genug weg? Mit tropischer Luftfeuchtigkeit, passenden Temperaturen und gigantischen exotischen Pflanzen in den Gewächshäusern schafft der *Palmengarten* Urlaubsklima. Dazu das Plätschern des Wasserfalls – schon hast du die Stadt glatt vergessen. → **S. 120**

### Am Drehkreuz

Für die Hektik der Reisenden, die ans Gate hetzen, hast du jetzt nur noch ein Lächeln übrig. Heute gibt's Flughafengenuss mit Blick hinter die Kulissen im Airport-Besucherzentrum und danach vielleicht noch eine Bustour übers Vorfeld. → **S. 14**

### Wie im Film

Von hier ist das Amerika der 50s nicht weit – ganz ohne Kerosinverbrauch. Saftige Burger, Milchshakes und Jukebox-Ohrwürmer erfüllen im Rüsselsheimer *Freeway Diner* die schönsten Klischees. Dass hier die A67 und kein echter Freeway vorbeiführt – schnell vergessen. → **S. 50**

### Sitze vollkrümeln

Wir bleiben in den USA der 50er: Gut, ein bisschen nervt's schon, dass man sich selbst um seine Popcornkrümel kümmern muss, aber dafür hat der Ausflug ins Autokino 'was von Zeitreise. Das Kino in Gravenbruch spielt jeden Abend Klassiker und moderne Blockbuster. → **S. 78**

# Tag 2

**Immer schön im Takt**
Ob lieber im Stehen auf dem SUP-Board oder sitzend im Kanu, Kajak oder Ruderboot, den Altrhein erlebst du am schönsten, wenn morgens noch nicht so viel los ist und du mitten übers Wasser treibst. In Ginsheim-Gustavsburg hast du dafür eine ganze Menge Möglichkeiten. → **S. 147**

**In der Vogelperspektive**
Nach ganz nah dran ruft jetzt das Panorama: Zeit, die Welt mal aus einer anderen Perspektive zu betrachten. Wenn dir auf dem Neroberg Wiesbaden zu Füßen liegt, zum Beispiel. Keine Lust auf Wandern? Fahr' mit der historischen Bergbahn rauf und runter. → **S. 140**

**Wo bleibt mein Fiaker?**
Wieder im Tal geht's ins Kaffeehaus: Einst gingen im *Café Maldaner* reiche Kurgäste und Wiesbadener aus und ein. Heute ist der Ort für alle und weit über die Stadtgrenzen hinaus beliebt. Bei Maldaner-Schnitte, Sachertorte und Kaffee lässt sich herrlich klatschen und die Zeit vergessen. → **S. 46**

**Eine Ladung Kultur**
Zum Abschluss des Urlaubs wird's ganz gediegen. Über prächtige Treppenstufen geht's in den beeindruckend schönen Zuschauerraum des Wiesbadener Staatstheaters. Platz gefunden? Dann kann's ja gleich losgehen! Ob du's klassisch oder modern magst, das Wiesbadener Opernensemble kann beides. → **S. 86**

**Mixen für Experten**
Ein Ort, wo Cocktails fast ein bisschen zur Wissenschaft werden, kann ja nur die perfekte Krönung der entspannten Auszeit sein. Auf der 40 Seiten dicken Karte der Cocktailbar *Switch* in Hattersheim gibt's Klassiker und Insider-Tipps aus der Cocktailgeschichte. → **S. 49**

# Auszeitturbo
# Ein herrlich entspannter Tag

### Frühmorgens am Canyon
Am glitzernden Wasser der Seen im Mühlheimer Naturschutzgebiet mit seinen Sandsteinfelsen ist von Industriekultur nichts mehr zu sehen. Hier zwitschern Vögel, huschen Eidechsen und quaken Frösche. Steig ein ins Wege-Labyrinth und lass dich treiben. Zu entdecken gibt's genug! → **S. 130**

### Schlemmen für die Seele
Mit der S-Bahn geht's jetzt in die Wetterau. Das *Apfelkern & Kolibri* in Bad Vilbel gilt ist ein tolles veganes Restaurant. Ob du mit spätem Frühstückshunger oder ausgewachsenem Mittagskohldampf hier ankommst, das Bistro kriegt dich satt! → **S. 36**

### Auf dem Bauernhof
Verdauungsspaziergang gefällig? Zwischen Ställen, Hofläden und Feldern ticken auf dem *Dottenfelderhof* die Uhren anders, irgendwie langsamer und ruhiger. Wer sich hier ins Leben auf dem Bauernhof einlässt, möchte am liebsten gleich bleiben. → **S. 126**

### Schwerelos frei
Genug vom Alltagsstress – jetzt wird geschwebt. Das *Oberurseler Schwebebad* hat neben dem entspannenden Floating in einem Salzwasserpool auch eine Kältekammer, Salzgrotte und mehrere Relax-Räume im Angebot. Runterkommen geht da wie von selbst. → **S. 145**

### Mit Cocktail in die blaue Stunde
Und nun: Zurück in die Stadt! Wenn in den Hochhäusern die Bürolichter angehen und Banker, Berater und Anwälte hinter den Fenstern noch einen Moment arbeiten müssen, herrscht auf dem *Citybeach* über den Dächern der Stadt schon Feierabendstimmung. Bestell dir nen Cocktail und lass dich vom Blau des Himmels faszinieren! → **S. 164**

# Kinderkram
# So werden die Kleinen glücklich



**Frühstück im Kinder-Paradies**
Wenn die bunten Boxen hinter der Bar einen so anlachen, ist das mit der Entscheidung gar nicht so einfach. Das geht Erwachsenen wie Kindern so, und dass man auch als Eltern im Cereal Culture Café leuchtende Kinderaugen bekommt, ist bei knallbunten Flakes und Milchshakes kaum zu vermeiden. → **S. 32**

**Abschlag in 3D**
Gut, strenggenommen ist das Minigolf im Park auch in 3D, aber wie cool sind bitte die Spezialeffekte an den Wänden? In den Anlagen der *Schwarzlichthelden* musst du dich schon ganz schön konzentrieren, um beim Spiel zu bleiben und nicht immer wieder Blick und Gedanken schweifen zu lassen. → **S. 96**

**Und jetzt hüpfen!**
Schon ab sechs Jahren dürfen die Kids mit in die große Arena der Trampolinhalle *360jump*. Nicht dass es im Kinderbereich im hinteren Teil der Halle langweilig wäre, aber die gigantischen Trampoline sind einfach zu verlockend. Sprungsocken an und abheben! → **S. 101**

**Lecker zupacken**
Da erzählt man dem Nachwuchs unablässig, wie wichtig es ist, anständig mit Messer und Gabel zu essen. und dann das: In der äthiopischen Küche dient das pfannkuchenartige Fladenbrot Injera als einziges Besteck. Und mit den Fingern essen ist *Im Herzen Afrikas* erlaubt. → **S. 56**

**Der Urzeit auf der Spur**
Ganz wörtlich gesehen rückt der Schein der Taschenlampe das *Senckenberg-Museum* in ein ganz neues Licht. Wenn die Schatten von Dino- und Elefantenskeletten über Decken und Wände wandern, wird's ein bisschen gruselig … → **S. 110**

# Sauwetter
# Wo es bei Regen besonders schön ist

### Den Römern hinterher
Wenn's draußen fürs Shopping zu nass ist, gibt's ja zum Glück noch die Einkaufszentren. Das Untergeschoss der Mainzer *Römerpassage* bietet zudem die Möglichkeit, in die Antike abzutauchen. Beim Bau des Shoppingtempels hatte man ein Heiligtum aus der Römerzeit gefunden, das du hier besuchen kannst. → **S. 20**

### Unter der Erde
Es kann schütten wie es will, der einzige Tropfen, der bei der Kellerführung im Weingut *Kloster Eberbach* zählt, ist der im Holzfass oder unterm Korken. Hier kannst du Weine probieren und lernst eine Menge über ihre Herstellung. → **S. 16**

### Unterm Blätterdach
Im Offenbacher Kletterwald *Fun Forest* wird der Betrieb nicht so leicht eingestellt. Solange es nicht stürmt oder gewittert, kannst du hier in passender Kleidung durch den Wald klettern und bleibst dank Blätterdach sogar halbwegs trocken. → **S. 102**

### Zeit zum Selbermachen
Wenn dicke Tropfen auf die Fenster prasseln, wird es drinnen vor der Töpferscheibe noch ein bisschen gemütlicher. Fast kannst du aus der Tasse, die gerade zwischen deinen Fingern entsteht, schon Tee oder Kakao dampfen sehen. Dass was draus wird, dafür sorgt Keramikdesignerin Viola Beuscher. → **S. 65**

### Alles auf Rot
Man darf auch mal ein bisschen leichtsinnig sein! Beim Besuch in der Bad Homburger Spielbank ist das Wetter egal, wenn sich drinnen alles aufs Rouletterad oder die nächste Pokerhand konzentriert. Neben dem gepflegten Spiel gibt's auch viele illustre Gäste zu beobachten. Vielleicht ein Geheimagent dabei? → **S. 10**

# Low Budget
# Tipps für Clevere & Schnäppchenjäger



**Lebensgefühl Wanderlust**
Statt Wildpark oder Arboretum geht Naturgucken auch ganz spontan und kostenlos. Wanderungen in den Taunus startest du am besten ab Oberursel oder Bad Soden und brauchst dafür nicht viel mehr als 'ne Stulle, Obst und ein S-Bahn-Ticket. Also raus in die Natur! → **S. 123**

**Von Lira und Rubel**
Einer der wenigen kostenlosen Orte in der Finanzmetropole Frankfurt ist einer, an dem sich alles ums Geld dreht. Absurd? Ein bisschen! Zudem ist der Besuch im interaktiven *Geldmuseum* der Deutschen Bundesbank auch noch echt spannend. → **S. 19**

**Vielseitig schlemmen**
Fürs Mittagessen geht's heute auf einen Wochenmarkt. Hier kannst du frisches Obst und Gemüse nach Lust und Laune zum Snacken kaufen und bekommst vielerorts auch heiße Suppen, Metzgerbratwurst und Leckeres vom Traditionsbäcker zum fairen Preis. → **S. 126**

**Logenplatz zum Sonnenuntergang**
Von den Hausbergen Frankfurts und Wiesbadens aus kannst du kostenlos und ganz entspannt die Dämmerung genießen. Zurück in die Stadt brauchst du keine halbe Stunde.
→ **S. 22, S. 140**

**Kreativer Abend**
Lust auf Kunst? Dann gönn dir den Barabend in einer der ausgefallensten Kreativ-Locations Frankfurts. Der *Kunstverein Familie Montez* ist nicht nur Bar, sondern auch Galerie und Ausstellungsort. Eintritt bezahlen muss man für viele der Veranstaltungen aber nicht. → **S. 77**

# Shoppingfieber
# Hier kannst du fette Beute machen

### Zwischen Swing und Rock 'n' Roll
Fluffige Petticoats und bunte Röcke und Kleider für drüber gibt's im Vintageladen *Peggy Sue* auf der Wallstraße. Der spezialisiert sich on- und offline auf Damenbekleidung aus den 20er- bis 60er-Jahren, fachkundige Stilberatung inbegriffen. → **S. 60**

### Hier wird nichts weggeworfen
Aus alten Dingen Neues entsteht im Upcycling-Laden *Klotz&Quer*, der auch Kurse für alle anbietet, die selbst kreativ werden wollen. Wenn du individuelle Einrichtungsstücke oder Geschenke suchst, ist hier der perfekte Ort. → **S. 85**

### Spitzen-Riesling aus dem Rheingau?
Für den eigenen Keller gibt's den beispielsweise in der *Weinbar & Vinothek Balthasar Ress* mitten in Wiesbaden – und zwar zu Gutspreisen. Wer vorm Kaufen erst probieren möchte, ist hier – samstags oft mit Live-Musik-Begleitung – auch richtig. → **S. 153**

### Den Bembel auf der Brust
Seine Liebe zu Hessen und Frankfurt darf man schon auch mal auf T-Shirt, Rucksack oder Schürze ausdrücken. Die *Hessen-Shops* verkaufen neben traditionellen Bembeln alles, was mit Frankfurt und Hessen zu tun hat, und haben sogar eine eigene Food-Marke entwickelt. → **S. 13**

### Mode kann auch fair
Wer beim Shopping auf Nachhaltigkeit, faire und vegane Produktionsbedingungen Wert legt, muss oft suchen. Einige unabhängige Boutiquen haben sich inzwischen auf zertifizierte Marken spezialisiert und können die Kunden in Sachen Nachhaltigkeit detailliert beraten. → **S. 68**

# Weltreise daheim Exotische Orte ganz nah

### Verrückte Mischung
Klassische französische Backkunst trifft in der Bäckerei *Iimori* auf kreative Einflüsse japanischer Zutaten. Solch internationale Gastrokonzepte sind selbst in Deutschlands internationalster Stadt außergewöhnlich. In Kursen lernst du, wie's geht. → **S. 29**

### Traum vom Fliegen
Kaum in Frankfurt gestartet, schwebst du auch schon überm Pazifik, bereit zum Landeanflug. Wer sich im Egelsbacher *Flugsimulator* als Pilot des größten Flugzeugs der Welt versucht, vergisst glatt, dass hinterm Cockpit kein Riesen-Airbus hängt. → **S. 115**

### In der Savanne
Wenn irgendwo am Horizont jetzt Ohren eines Steppenfuchses auftauchen würden … also wundern würde es einen echt nicht. Im Naturschutzgebiet Mainzer Sand kommt Savannenfeeling auf. Einige der Pflanzen und Tiere, die hier heimisch sind, sind weltweit extrem selten, entwickeln sich hier aber prächtig. → **S. 128**

### Anfeuern ist Pflicht
»Defense Go! Defense Go!« Wenn du einmal zwischen tausenden Fans in der sogenannten Lila Hölle warst und den Footballern der *Frankfurt Universe* zugejubelt hast, ist die Liebe zum Football ohne Frage entfacht. Die Atmosphäre beim Frankfurter Spieltag zählt zu den besten in Europa. → **S. 157**

### Sag mir, wie du kelterst …
Wie könnte man hessischer die Welt entdecken als anhand von Apfelwein? Wer in der Traditionswirtschaft *Daheim im Lorsbacher Thal* essen geht, hat die Auswahl zwischen mehr als 300 Sorten Apfelwein, -secco und -schaumwein aus 28 Ländern, von vier Kontinenten. → **S. 30**

Wo find ich das? Wo will ich hin? Was ist sonst noch in der Nähe? Wer hat sich das alles ausgedacht? Und wohin schicke ich meine Fanpost, mein Feedback? Ganz schön viele Fragen. Die folgenden Seiten helfen dir weiter.

# Dies & Das

## Karten, Register und mehr

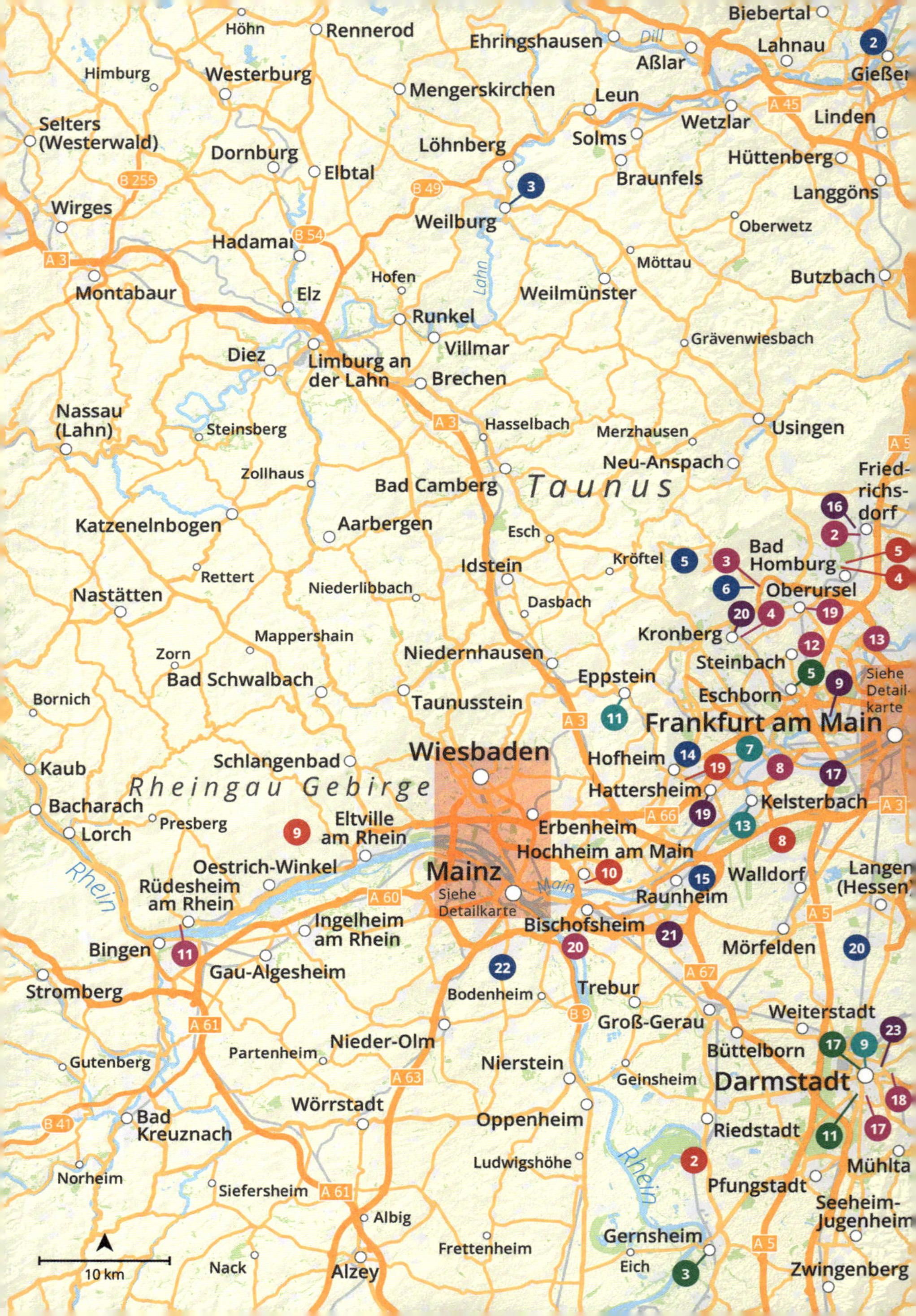
Höhn
Rennerod
Ehringshausen
Dill
Biebertal
Lahnau
Gießen
Aßlar
Himburg
Westerburg
Mengerskirchen
Leun
A 45
Wetzlar
Linden
Selters (Westerwald)
Dornburg
Elbtal
Löhnberg
Solms
Braunfels
Hüttenberg
B 255
B 49
Langgöns
Wirges
Weilburg
Oberwetz
A 3
Hadamar
B 54
Möttau
Butzbach
Montabaur
Elz
Hofen
Lahn
Weilmünster
Runkel
Diez
Limburg an der Lahn
Villmar
Grävenwiesbach
Brechen
Nassau (Lahn)
Steinsberg
Hasselbach
Merzhausen
Usingen
Neu-Anspach
A 5
Zollhaus
Bad Camberg
Taunus
Fried-richs-dorf
Katzenelnbogen
Aarbergen
Esch
Bad Homburg
Kröftel
Oberursel
Rettert
Idstein
Niederlibbach
Nastätten
Dasbach
Kronberg
Mappershain
Zorn
Niedernhausen
Steinbach
Bad Schwalbach
Eppstein
Siehe Detail-karte
Bornich
Eschborn
Taunusstein
Frankfurt am Main
Schlangenbad
Wiesbaden
Hofheim
Kaub
Rheingau Gebirge
Hattersheim
Bacharach
Presberg
Eltville am Rhein
Kelsterbach
Lorch
Erbenheim
A 66
Hochheim am Main
Rhein
Oestrich-Winkel
Mainz
Walldorf
Langen (Hessen)
Rüdesheim am Rhein
Main
Raunheim
A 60
Siehe Detailkarte
Ingelheim am Rhein
Bischofsheim
Bingen
Mörfelden
Gau-Algesheim
A 67
Stromberg
Bodenheim
Trebur
A 61
B 9
Groß-Gerau
Weiterstadt
Nieder-Olm
Partenheim
Büttelborn
Gutenberg
A 63
Nierstein
Geinsheim
Darmstadt
Wörrstadt
Bad Kreuznach
B 41
Oppenheim
Riedstadt
Ludwigshöhe
Norheim
Mühltal
Pfungstadt
Siefersheim
A 61
Seeheim-Jugenheim
Albig
Gernsheim
Frettenheim
10 km
Nack
Alzey
Eich
Zwingenberg

Klassiker reloaded
Leckerbissen
Kreative Orte
Wilde Seite
Ruhige Ecken
Pralles Leben
Hanau
Offenbach am Main
Aschaffenburg
Spessart
Wetterau
Bad Vilbel
Büdingen
Gelnhausen
Bad Orb
Schlüchtern
Steinau an der Straße
Bad Soden-Salmünster
Wächtersbach
Lohr am Main
Seligenstadt
Alzenau
Babenhausen
Dieburg
Rodgau
Dietzenbach
Obertshausen
Heusenstamm
Maintal
Bruchköbel
Erlensee
Langenselbold
Nidderau
Karben
Friedberg
Nidda
Schotten
Gedern
Ortenberg
Laubach
Lich
Hungen
Grünberg
Buseck
Mücke
Ulrichstein
Herbstein
Grebenhain
Wartenberg
Großenlüder
Neuhof
Flieden
Freiensteinau
Bad Nauheim
Reichelsheim
Florstadt
Wöllstadt
Münzenberg
Rockenberg
Wölfersheim
Echzell
Ranstadt
Freigericht
Goldbach
Hösbach
Großostheim
Groß-Umstadt
Obernburg am Main
Elsenfeld
Wörth am Main
Klingenberg am Main
Erlenbach am Main
Freudenberg
Bad König
Höchst im Odenwald
Reinheim
Ober-Ramstadt
Roßdorf
Rödermark
Frammersbach
Partenstein
Rieneck
Main
Nidda
Nidder
Sinn
Lüder
Gersprenz
A 3
A 45
A 66
A 5
B 45
B 469
B 26
B 254
B 3

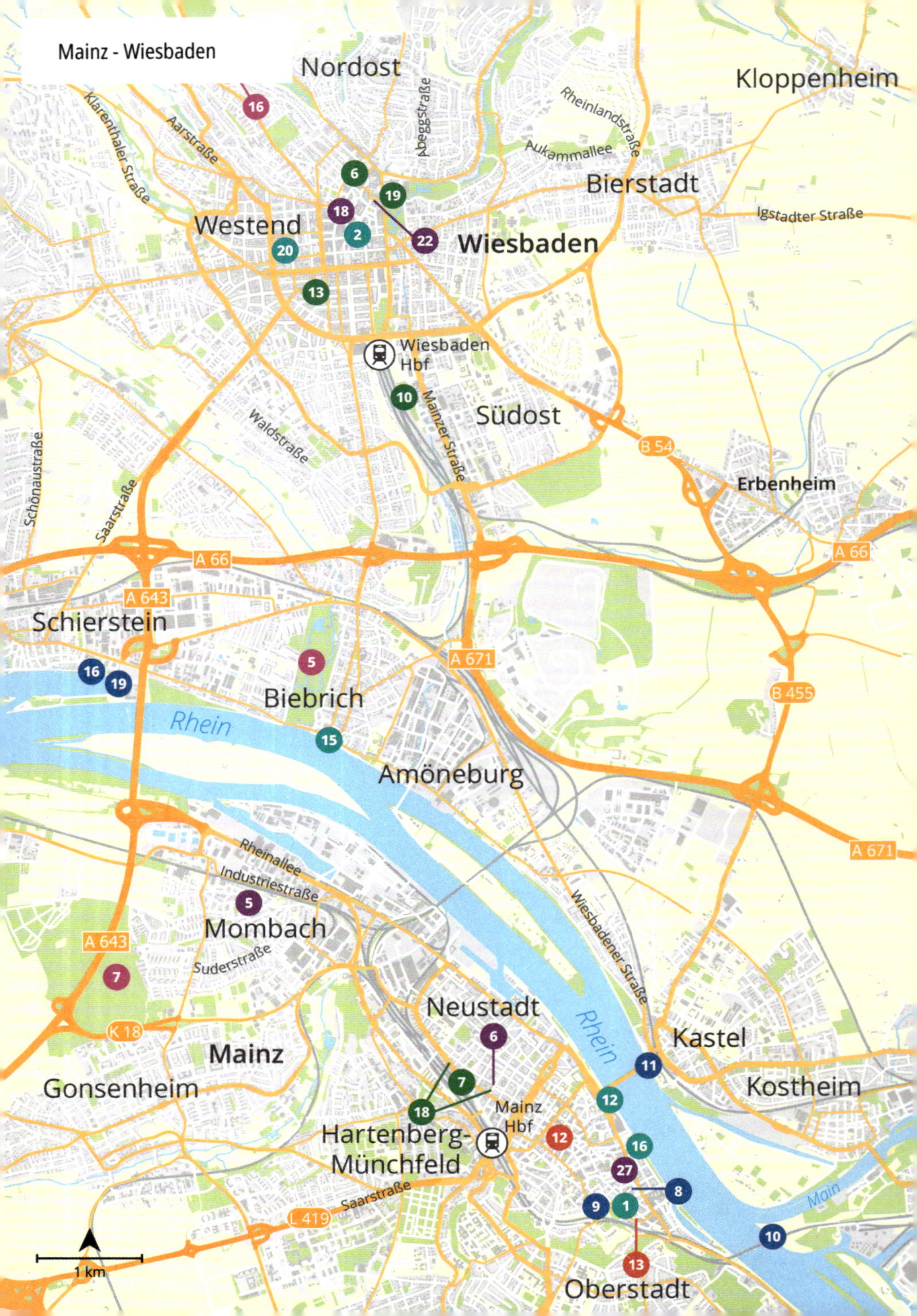
Mainz - Wiesbaden
Nordost
Kloppenheim
Klarenthaler Straße
Aarstraße
Abeggstraße
Rheinlandstraße
Aukammallee
Bierstadt
Igstadter Straße
Westend
Wiesbaden
Wiesbaden Hbf
Südost
Waldstraße
Mainzer Straße
B 54
Erbenheim
Schönaustraße
Saarstraße
A 66
A 643
Schierstein
Biebrich
A 671
B 455
Rhein
Amöneburg
Rheinallee
Industriestraße
Mombach
Suderstraße
Wiesbadener Straße
Neustadt
Mainz
Gonsenheim
K 18
Kastel
Kostheim
Mainz Hbf
Hartenberg-Münchfeld
Saarstraße
L 419
Main
Oberstadt
1 km

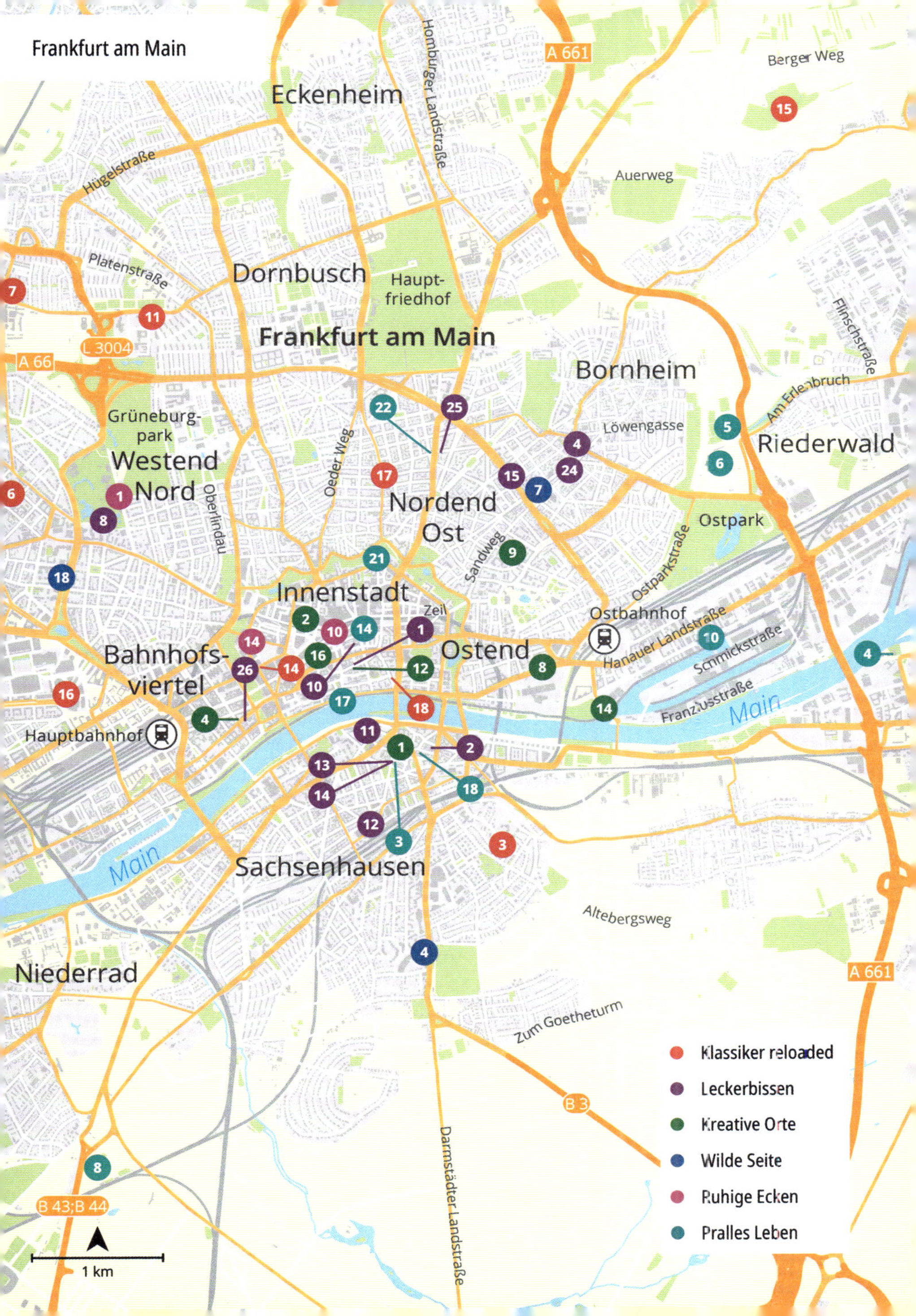
Frankfurt am Main
Eckenheim
Homburger Landstraße
A 661
Berger Weg
Hugelstraße
Auerweg
Platenstraße
Dornbusch
Haupt-
friedhof
Frankfurt am Main
L 3004
A 66
Bornheim
Flinschstraße
Am Erlenbruch
Grüneburg-
park
Westend
Nord
Oberlindau
Oeder Weg
Löwengasse
Riederwald
Nordend
Ost
Ostpark
Sandweg
Ostparkstraße
Innenstadt
Zeil
Ostbahnhof
Bahnhofs-
viertel
Ostend
Hanauer Landstraße
Schmickstraße
Franziusstraße
Main
Hauptbahnhof
Sachsenhausen
Main
Altebergsweg
Niederrad
A 661
Zum Goetheturm
B 3
Darmstädter Landstraße
B 43;B 44
1 km
Klassiker reloaded
Leckerbissen
Kreative Orte
Wilde Seite
Ruhige Ecken
Pralles Leben

# Register

# Impressum

1. Auflage 2021


Printed in Italy

MIX
Papier aus verantwortungsvollen Quellen
FSC® C015829
FSC
www.fsc.org

**Text:** Sandra Kathe
**Konzept:** Katrin Burr, Susanne Heimburger, Monique Sorban
**Projektmanagement**
Susanne Heimburger
**Gestaltung Umschlag außen**
Eggers + Diaper, Potsdam
**Gestaltung Innenteil, Umschlag innen**
Sofarobotnik – Büro für Gestaltung, Augsburg & München
**Lektorat**
Guido Huß
**Bildredaktion**
Anja Schlatterer
**Produktion**
red.sign GbR, Stuttgart
**Kartografie**
© MAIRDUMONT, Ostfildern, unter Verwendung von Kartendaten von OpenStreetMap, Lizenz CC-BY-SA 2.0

## Bildnachweise

**Titelillustration:** Birgit Eggers & Shutterstock/ Alexandr III

**Fotos:** Brauerei Flügge GmbH, Frankfurt (44); Clip & Climb (116); Comedy Hall Darmstadt und Kikeriki Theater (73); Dialogmuseum (62); DriveIn Autokino Gravenbruch, DWJ GmbH (79 u.); DuMont Bildarchiv: G. Knoll (Klappe innen o.); Ellen Eckhardt (82); M. Faust (76 o., 158); F. Hormel (24, 33, 34, 53, 81, 111 o., 152); G. Hormel (74); iStockphoto: imagesines (91 u.), Irina Meshcheryakova (178), Obradovic (179), Z. Solgi (175), South_agency (66); S. Kathe (8, 12, 15, 17, 18, 21, 23, 28, 31, 39 u., 41, 47, 54, 57, 61, 64, 69, 71, 84, 91 o., 97, 99, 100, 103, 106, 114, 121, 122, 124, 131, 132, 134, 137, 139, 141, 144 u., 148, 156, 165, 174, 176, 177, 180, 181, 191); laif: G. Knoll (87); mauritius images: B. Wittelsbach (155); mauritius images/Alamy: M. Schneider (146 o.), N. Semkina (42), Stockimo/ Mroot (168); mauritius images/Chromorange (7 o.); mauritius images/imagebroker: M. Moxter (92); mauritius images/Pitopia (39 o.); mauritius images/Westend61 (37); picture-alliance: U. Bernhart (111 u.), W. Minich (7 u.); picture-alliance/AP: M. Probst (167); picture-alliance/dpa: M. Becker (79 o.), B. Rössler (127 o., 161 u., 171), F. Rumpenhorst (129 u., 162), F. von Erichsen (94); picture-alliance/HMB: O. Müller (161 o.); picture-alliance/Westend61: I. Peters (Klappe innen u.), M. Siepmann (146 u.); Shutterstock: Amateur007 (113 o.), beerlogoff (108 o.), ByeByeSSTK & Birgit Eggers (192), J. Chambers (11), EWY Media (Klappe innen M. r.), fizkes (76 u.), grafvision (51), J. Knaupe (129 o.), R. Kneschke (143 o.), Lapping Pictures (143 u.), MJTH (105, 144 o.), Pigprox (Klappe innen M. l.), E. Pokrovsky (127 u.), RossHelen (108 u.), Sina Ettmer Photography (113 u.), M. Weyo (48)

# Die Autorin



**Sandra Kathe**
Die Arbeit als Lokaljournalistin – erst in Darmstadt, später in Frankfurt – gab Sandra Kathe die wunderbare Gelegenheit, etliche Orte durch ihre Hintertüren zu entdecken, mit Menschen ins Gespräch zu kommen und sich mit der Leidenschaft für die Rhein-Main-Region anstecken zu lassen. Inzwischen ist die freiberufliche Journalistin seit fast zehn Jahren hier und könnte sich keine bessere Basis zum Entdecken der Welt vorstellen.

**Lob oder Kritik? Wir freuen uns auf deine Nachricht!**
Trotz gründlicher Recherche schleichen sich manchmal Fehler ein. Wir hoffen, du hast Verständnis, dass der Verlag dafür keine Haftung übernehmen kann. Wir freuen uns aber, wenn du uns schreibst:

MARCO POLO Redaktion
MAIRDUMONT
Postfach 31 51
73751 Ostfildern
info@marcopolo.de

# Bloß nicht!

## Fettnäpfchen und Reinfälle vermeiden

### Trauben klauen

Wer kann da schon widerstehen, wenn einen die süßen weißen oder roten Früchtchen beim Spaziergang durch die Weinberge so verführerisch anzwinkern ... Es spricht nichts dagegen, mal ein, zwei Träubchen zu kosten, aber Schere und Behältnis für größere Mengen bleiben bitte zu Hause!

### Süßgespritzt bestellen

Sei's beim Wein im Westen oder dem Apfelwein im Osten: Bei der goldenen Regel des Mischens ist sich die Rhein-Main-Region einig, dass allein Mineralwasser fürs Prickeln im Glas sorgt. Das Schöbbche als Süßgespritzten zu versauen, bringt hier niemand übers Herz.

### Folienballons mit in die S-Bahn nehmen

Schon mal ewig gewartet, bis die S-Bahn dich nach einer Oberleitungsstörung endlich nach Hause gebracht hat? Womöglich war ein verlorengegangener Folienballon schuld. So hübsch die bunten Teile auch anzusehen sind, mit zur S-Bahn-Station dürfen sie aus gutem Grund nicht mehr.

### Kulinarische Scheuklappen tragen

Mit Menschen aus weit über hundert Nationen ist die Rhein-Main-Region eine der vielseitigsten Gegenden Deutschlands: vor allem kulinarisch. Lass dir, selbst wenn du noch so sehr auf deine Stammlokale schwörst, nicht entgehen, mal eritreisch, georgisch oder peruanisch essen zu gehen. Du verpasst was!

### Samstags auf die Zeil

Die Einkaufsmeilen und Shoppingzentren der Region machen selbst eingefleischten Shoppern samstags nur wenig Spaß. Wirf lieber mal einen Blick in die Stadtteile mit ihren charmanten Boutiquen und dem Versprechen von entspanntem Stöbern.